रामधा

जन्म : 23 सितम्बर, 1908 को बिहार के मुंगेर जिले के सिमरिया नामक गाँव में हुआ था। शिक्षा मोकामा घाट के रेलवे हाईस्कूल तथा फिर पटना कॉलेज में हुई जहाँ से उन्होंने इतिहास विषय लेकर बी.ए. (ऑनर्स) की परीक्षा उत्तीर्ण की। एक विद्यालय के प्रधानाचार्य, सब-रजिस्ट्रार, जन-सम्पर्क के उप-निदेशक, भागलपुर विश्वविद्यालय के कुलपति, भारत सरकार के हिन्दी सलाहकार आदि विभिन्न पदों पर रहकर उन्होंने अपनी प्रशासनिक योग्यता का परिचय दिया। 1924 में पाक्षिक 'छात्र सहोदर' (जबलपुर) में प्रकाशित पहली कविता से साहित्यिक जीवन का आरम्भ।

प्रमुख कृतियाँ : कविता–रेणुका, हुंकार, रसवन्ती, कुरुक्षेत्र, सामधेनी, बापू, धूप और धुआँ, रश्मिरथी, नील कुसुम, उर्वशी, परशुराम की प्रतीक्षा, कोयला और कवित्व, हारे को हरिनाम आदि। **गद्य**–मिट्टी की ओर, अर्धनारीश्वर, संस्कृति के चार अध्याय, काव्य की भूमिका, पन्त, प्रसाद और मैथिलीशरण, शुद्ध कविता की खोज, संस्मरण और श्रद्धांजलियाँ आदि।

सम्मान : 1959 में 'संस्कृति के चार अध्याय' पर साहित्य अकादेमी पुरस्कार और पद्मभूषण की उपाधि। 1962 में भागलपुर विश्वविद्यालय की तरफ से *डॉक्टर ऑफ लिटरेचर* की मानद उपाधि। 1973 में 'उर्वशी' पर भारतीय ज्ञानपीठ पुरस्कार। अनेक बार भारतीय और विदेशी सरकारों के निमंत्रण पर विदेश-यात्रा।

निधन : 24 अप्रैल, 1974

आत्मा की आँखें

रामधारी सिंह 'दिनकर'

लोकभारती पेपरबैक्स

लोकभारती पेपरबैक्स में
पहला संस्करण : 2019
तीसरा संस्करण : 2025

लोकभारती पेपरबैक्स : उत्कृष्ट साहित्य के लोकप्रिय संस्करण

लोकभारती प्रकाशन
पहली मंजिल, दरबारी बिल्डिंग, महात्मा गांधी मार्ग,
प्रयागराज-211 001
द्वारा प्रकाशित

वेबसाइट : www.lokbhartiprakashan.com
ईमेल : info@lokbhartiprakashan.com

शाखाएँ : 1-बी, नेताजी सुभाष मार्ग, दरियागंज, नई दिल्ली-110 002
अशोक राजपथ, साइंस कॉलेज के सामने, पटना-800 006
1, अनमोल सोराबजी संतुक लेन, धोबी तलाव, मरीन लाइंस, मुम्बई-400 002

बी.के. ऑफसेट
नवीन शाहदरा, दिल्ली-110 032
द्वारा मुद्रित

मूल्य : ₹250

AATMA KI AANKHEN
Poems by Ramdhari Singh 'Dinkar'

ISBN : 978-93-89243-91-8

प्राक्कथन

पूज्य राष्ट्रकवि रामधारी सिंह 'दिनकर' को गुजरे छियालीस वर्ष हो गए। अब उनकी 110वीं जयन्ती का वर्ष बीत रहा है।

यूँ तो महाकवि दिनकर जी को राष्ट्रकवि कहा गया है पर महीयसी महादेवी वर्मा ने कहा था कि वे विश्वकवि हैं, क्योंकि उनकी कविताओं में मात्र राष्ट्रीयता की वाणी और उसकी स्वायत्तता का गौरवगान और संघर्ष नहीं है वरन् प्रेम का एक व्यापक क्षितिज है जो उन्हें विश्वकवि की श्रेणी में ले आता है। वस्तुतः दिनकर जी एक ही साथ विश्वकवि, महाकवि, राष्ट्रकवि और जनकवि–सभी हैं। उनकी विभिन्न कविताओं में भिन्न-भिन्न तौर पर उनके काव्य-व्यक्तित्व का वैशिष्ट्य प्रकट होता है।

दिनकर जी आज भी पाठकों के सर्वाधिक प्रिय कवि हैं और प्रासंगिक भी। उनकी कविताओं में आग है, राग है और अध्यात्म है। उनकी कविताओं का अवगाहन कर प्रतीत होता

है कि वे अपने समकालीन कवियों से अलग तरीके से पाठकों के समक्ष प्रकट होते हैं।

दिनकर जी ने कहा था कि सच्चा कवि हमेशा जीवित रहता है—उसके प्रति राग और द्वेष के कारण उसके सामने उसका सही मूल्यांकन नहीं हो पाता। किसी कवि का सही मूल्यांकन उसके निधन के पचास वर्ष बाद होता है। और हम देख रहे हैं, जैसे-जैसे समय गुजरता जा रहा है, दिनकर जी की कविताओं की लोकप्रियता बढ़ती जा रही है।

पूर्व में दिनकर जी की सभी किताबें लोकभारती प्रकाशन से कुछ नवीन स्वरूप और अलग नाम देकर प्रकाशित हुई थीं। अब सभी पुस्तकें अपने पुराने नाम और प्रारूप में प्रकाशित हो रही हैं। आशा है, इससे दिनकर-प्रेमी हिन्दी साहित्य जगत् सन्तुष्ट होगा।

—अरविन्द कुमार सिंह

दिनकर भवन
आर्य कुमार रोड
पटना-800004

भूमिका

एक मजेदार किस्सा है जो सुनने लायक है।

कई वर्ष पहले की बात है। एक बार, शौक में आकर, मैंने कुछ विदेशी कविताओं के अनुवाद कर डाले और, जैसी मेरी आदत है, मूल के जो बिम्ब, विचार या मुहावरे हिन्दी में नहीं खप सकते थे, उन्हें छोड़कर मैंने उन्हीं के जोड़ के नये बिम्ब, विचार या मुहावरे हिन्दी में गढ़ दिये। नतीजा यह हुआ कि अनेक मित्रों ने कहा, 'सीपी और शंख' की कविताएँ अनुवाद नहीं, हिन्दी की मौलिक रचनाएँ हैं।

मगर, किस्सा यहीं खत्म नहीं होता। बात यह है कि इधर दो-एक साल से रूस में मेरी कविताओं के रूसी अनुवाद तैयार करने की कुछ थोड़ी कोशिश की जा रही है। मास्को से रूसी भाषा में साहित्य की एक

त्रैमासिक पत्रिका निकलती है जिसमें विदेशी भाषाओं के अनुवाद छापे जाते हैं। पिछले साल रूस से एक विदुषी महिला मेरे साहित्य पर शोध करने को भारत पधारीं। उन्होंने उक्त त्रैमासिक का वह अंक मुझे दिखाया जिसमें मेरी दस कविताओं के रूसी अनुवाद छपे थे। मैंने श्रीमती स्वेतलाना से कहा कि रूसी अनुवाद का अर्थ आप मुझे समझा दीजिए जिससे मैं समझ सकूँ कि आपके कवियों ने मेरी कौन-कौन कविताएँ अनुवाद के लिए चुनी हैं। स्वेतलाना जी ने सभी कविताओं का अर्थ मुझे समझाया, लेकिन यह देखकर मैं चकित रह गया कि मेरी दस कविताओं में से चार-पाँच वे थीं जो 'सीपी और शंख' में संगृहीत हैं।

मैंने श्रीमती स्वेतलाना से कहा कि 'सीपी और शंख' तो खुद अनूदित रचनाओं का संग्रह है, फिर आप लोगों ने उस संग्रह में से कविताएँ क्यों चुनीं? वे बोलीं, हम लोग जानते हैं कि 'सीपी और शंख' की कविताएँ अनूदित रचनाएँ हैं और कौन कविता किस कवि की कविता पर से बनी है, इसकी सूची भी 'सीपी और शंख' में दे दी गई है। हमारे देश के कवियों ने 'सीपी और शंख' से ली हुई कविताओं को मूल अंग्रेजी, फ्रेंच, जर्मन, स्पेनिश या चीनी कविताओं से मिलाकर देखा भी। मगर उनकी राय यह हुई कि 'सीपी और शंख' की कविताएँ मूल से केवल प्रेरणा लेकर चली हैं, बाकी वे सब-की-सब, दिनकर जी की अपनी कल्पना से तैयार हुई हैं। इसलिए हम अगर उन्हें मौलिक रचनाएँ मानकर चलें तो इसमें

कोई दोष नहीं है। इस तरह, उन्होंने 'सीपी और शंख' की भी कई रचनाओं को मौलिक कृतियाँ मानकर रूसी में उनका अनुवाद कर डाला और ये अनुवाद काफी पसंद भी किए गए हैं।

मुझे थोड़ी हँसी तो जरूर आई, मगर मैंने स्वेतलाना जी से निवेदन किया कि रूसी में मेरा कोई संग्रह छपे तो उसमें 'सीपी और शंख' की कविताओं के अनुवाद न रखे जाएँ, यही अच्छा होगा।

वर्तमान संग्रह 'आत्मा की आँखें' भी मेरी मौलिक कृतियों का संकलन नहीं है। इनमें से प्रत्येक कविता अंग्रेजी के कवि स्वर्गीय डी.एच. लारेंस की किसी कविता को देखकर गढ़ी गई है। और यहाँ भी तरीका मैंने वही अख्तियार किया है जिसका प्रयोग 'सीपी और शंख' में किया गया था।

इन सभी कविताओं की भाषा बुनियादी हिन्दी है। लारेंस की जिन कविताओं पर से ये कविताएँ तैयार हुई हैं, उनकी भाषा भी मुझे बुनियादी अंग्रेजी के समान दिखाई पड़ीसरल, मुहावरेदार, चलतू और पुरजोर जिसमें बनावट का नाम भी नहीं है।

कविताओं की भाषा गढ़ने के लिए लारेंस छेनी और हथौड़ी का प्रयोग नहीं करते थे। जैसे जिन्दगी वे उसे मानते थे जो हमारी सभ्यतावाली पोशाक के भीतर बहती है, उसी तरह भाषा उन्हें वह पसन्द थी जो बोलचाल से उछलकर कलम पर आ बैठती है। बुद्धि को वे बराबर शंका से देखते रहे और कला में पच्चीकारी का काम उन्हें नापसन्द था। उनकी एक सूक्ति मिलती है :

Remember, skilled poetry is dead in fifty years। मगर यह तो साहित्यिक विवाद का विषय है। उसमें पड़ने का यहाँ कोई प्रसंग नहीं है।

'आत्मा की आँखें' में ज्यादातर ऐसी कविताएँ हैं जो यूरोप और अमेरिका में बहुत लोकप्रिय नहीं हो सकीं; किन्तु मैंने खास कर उन्हीं को इस कारण चुना है कि वे भारतीय चेतना के काफी आस-पास चक्कर काटती हैं।

पटना
4 जनवरी, 1964 ई.

दिनकर

अनुक्रम

प्राक्कथन *5*
भूमिका *7*
प्रार्थना 13
एकान्त 14
अकेलेपन का आनन्द 16
उखड़े हुए लोग 18
देवता हैं नहीं 20
रहस्यवाद 24
महल-अटारी 26
गहराई में जाओ 28
शैतान का पतन 32
ईश्वर की देह 34
निराकार ईश्वर 36
पहले तन या मन? 38
पुराने जमाने के मर्द 41
मृत्यु का गीत 44
रचना 46
शिखा 49
भावी धर्म 51
सूर्यधन 52
पूर्ण जीवन 54
विचार 56
दो तरह के लोग 58
चार तत्त्व 60
पाप 62
क्लान्ति 64
विनम्रता 66
प्राचीन ज्ञान 68
आत्मा और क्रान्ति 70
जहर 71

जिन्दगी की साँस 72
बेखुदी 73
सत्य का ज्ञान 74
भविष्य के संकेत 75
भविष्य का युद्ध 77
आदमी 79
दुखी आत्मा 81
हुक्म 82
नौकरी 83
जागना और सोना 85
पैगम्बर 87
बीमारी का इलाज 89
मौज-मजे का इन्किलाब 91
वर्ग और जनता 94
बुर्जुआ 96
बुर्जुआ और बालशेविक 100
दकियानूस 102
मच्छर 103
कोई क्रान्ति शुरू करो 104
भावी राज्य 105
काम 107
जीवन के माध्यम 111
मध्यम वर्ग 114
रुपये का पागलपन 117
सरकार और मजदूर 121
मशीन की कामयाबी 124
हाथ की कारीगरी 130
पाप से भागो 132
विनाश 135
चूजा 137
झाँकी 138
मुहब्बत की खोज 139
असबाब 141
अश्लीलता 142
केवल इतना 143
सेक्स और विश्वास 145
प्रेम के बारे में झूठी बातें 147
मुझसे भी कहा था 149
व्यक्तित्व 153
खास दोस्त 155
हँसो और बोलो 157
नहीं, मिस्टर लारेंस, नहीं 159

प्रार्थना

मेरे पाँव के पास चाँदनी बिछाओ भगवान!
दूज के चाँद पर मुझे खड़ा करो
किसी महाराजा के समान।

टखने डूबे हों चाँदनी में,
मेरे मोजे मुलायम, चमकदार हों;
और मेरे मस्तक पर
चाँदनी की झरती फुहार हो।

शीतलता पर इतराऊँ, चमक पर मचलूँ,
चाँदनी में तैरता हुआ मंजिल की ओर चलूँ।

क्योंकि सूरज काल हो गया है।
उसका चेहरा शेर के समान लाल हो गया है।

एकान्त

लोग अकेलेपन की शिकायत करते हैं।
मैं समझ नहीं पाता,
वे किस बात से डरते हैं।

अकेलापन तो जीवन का चरम आनन्द है।
जो है निःसंग,
सोचो तो, वही स्वच्छन्द है।

अकेला होने पर जगते हैं विचार;
ऊपर आती है उठकर
अन्धकार से नीली झंकार।

जो है अकेला,
करता है अपना छोटा-मोटा काम,

या लेता हुआ आराम,
झाँककर देखता है आगे की राह को,
पहुँच से बाहर की दुनिया अथाह को।

तत्त्वों के केन्द्र बिन्दु से होकर एकतान
बिना किसी बाधा के करता है ध्यान
विषम के बीच छिपे सम का,
अपने उद्‌गम का।

अकेलेपन का आनन्द

अकेलेपन से बढ़कर
आनन्द नहीं, आराम नहीं।
स्वर्ग है वह एकान्त,
जहाँ शोर नहीं, धूमधाम नहीं।

देश और काल के प्रसार में,
शून्यता, अशब्दता अपार में
चाँद जब घूमता है, कौन सुख पाता है?
भेद यह मेरी समझ में तब आता है,
होता हूँ जब मैं अपने भीतर के प्रान्त में,
भीड़ से दूर किसी निभृत, एकान्त में।

और तभी समझ यह पाता हूँ,
पेड़ झूमता है किस मोद में
खड़ा हुआ एकाकी पर्वत की गोद में।

बहता पवन मन्द-मन्द है।
पत्तों के हिलने में छन्द है।
कितना आनन्द है!

उखड़े हुए लोग

अकेलेपन से जो लोग दुखी हैं,
वृत्तियाँ उनकी,
निश्चय ही, बहिर्मुखी हैं।

सृष्टि से बाँधने वाला तार
उनका टूट गया है;
असली आनन्द का आधार
छूट गया है।

उद्‌गम से छूटी हुई नदियों में ज्वार कहाँ?
जड़-कटे पौधों में जीवन की धार कहाँ?

तब भी, जड़-कटे पौधों के ही समान
रोते हैं ये उखड़े हुए लोग बेचारे;
जीना चाहते हैं भीड़-भभ्भड़ के सहारे।

भीड़, मगर, टूट हुआ तार
और तोड़ती है,
कटे हुए पौधे की
जड़ नहीं जोड़ती है।

बाहरी तरंगों पर जितना ही फूलते हैं,
हम अपने को उतना ही और भूलते हैं।

जड़ जमाना चाहते हो
तो एकान्त में जाओ;
अगम-अज्ञात में अपनी सोरें फैलाओ।
अकेलापन है राह
अपने आपको पाने की;
जहाँ से तुम निकल चुके हो,
उस घर में वापस जाने की।

देवता हैं नहीं

देवता हैं नहीं,
तुम्हें दिखलाऊँ कहाँ?
सूना है सारा आसमान,
धुएँ में बेकार भरमाऊँ कहाँ?

इसलिए, कहता हूँ,
जहाँ भी मिले मौज, ले लो।
जी चाहता हो तो टेनिस खेलो
या बैठकर घूमो कार में
पार्कों के इर्द-गिर्द अथवा बाजार में।
या दोस्तों के साथ मारो गप्प,
सिगरेट पियो।
तुम जिसे मौज मानते हो, उसी मौज से जियो।

मस्ती को धूम बन छाने दो,
उँगली पर पीला-पीला दाग पड़ जाने दो।

लेकिन, देवता हैं नहीं,
तुम्हारा जो जी चाहे, करो।
फूलों पर लोटो
या शराब के शीशे में डूब मरो।

मगर, मुझे अकेला छोड़ दो।
मैं अकेला ही रहूँगा।
और बातें जो मन पर बीतती हैं,
उन्हें अवश्य कहूँगा।

मसलन, इस कमरे में कौन है
जिसकी वजह से हवा ठंडी है,
चारों ओर छाई शान्ति मौन है?
कौन यह जादू करता है?
मुझमें अकारण आनन्द भरता है?

कौन है जो धीरे से
मेरे अन्तर को छूता है?
किसकी उँगलियों से
पीयूष यह चूता है?

दिल की धड़कनों को
यह कौन सहलाता है?

अमृत की लकीर के समान
हृदय में यह कौन आता-जाता है?

कौन है जो मेरे बिछावन की चादर को
इस तरह चिकना गया है,
उस शीतल, मुलायम समुद्र के समान
बना गया है,

जिसके किनारे, जब रात होती है,
मछलियाँ सपनाती हुई सोती हैं?

कौन है, जो मेरे थके पाँवों को
धीरे-धीरे सहलाता और मलता है,
इतनी देर कि थकन उतर जाए,
प्राण फिर नई संजीवनी से भर जाए?

अमृत में भींगा हुआ यह किसका
अंचल हिलता है?
पाँव में भी कमल का फूल खिलता है।

और विश्वास करो,
यहाँ न तो कोई औरत है, न मर्द;
मैं अकेला हूँ।

अकेलेपन की आभा जैसे-जैसे गहनाती है,
मुझे उन देवताओं के साथ नींद आ जाती है,

जो समझो तो हैं, समझो तो नहीं हैं;
अभी यहाँ हैं, अभी और कहीं हैं।

देवता सरोवर हैं, सर हैं, समुद्र हैं।
डूबना चाहो
तो जहाँ खोजो, वहीं पानी है।
नहीं तो सब स्वप्न की कहानी है।

रहस्यवाद

अनुभूतियाँ तो सारी की सारी
इन्द्रियों से आती हैं।
मगर, जब हम उनका स्वाद
जरा ध्यान से लेते हैं,
लोग कह उठते हैं,
यह रहस्यवादी है।
कोई किसी की जबान को
रोक नहीं सकता।
जमहूरियत, असल में,
बोलने की आजादी है।

तब भी, अगर मैं कोई आम खाता हूँ,
तो क्या, उसमें केवल आम ही होता है?
मुझे तो आम खाते समय

कई चीजों का ध्यान होता है।
आम के रस में वसन्त की हवा,
सूरज की गर्मी और धरती का रस,
इन सबका भान होता है।

मेरा खयाल है,
आम खाने का यही सही तरीका है।
और छिपाने की बात भी क्या है?
यह भाव
मैंने रहस्यवादियों से सीखा है।

खाते समय सभी इन्द्रियों को बुलाओ।
एक इन्द्रिय से कभी भी कोई चीज मत खाओ।
सभी इन्द्रियाँ जब एक बिन्दु पर मिलती हैं,
एकाग्रता जन्म लेती है।
और तब रोटी भी रहस्यवाद का मजा देती है।

महल-अटारी

चिड़िया जब डाल पर बैठती है,
अपना सन्तुलन ठीक करने को दुम को जरा ऊपर उठाती है।
उस समय वह कितनी खुश नजर आती है!

मानो, उसे कोई खजाना मिल गया हो!
जीवन भर का अरमान अचानक फूल बनकर खिल गया हो!

या विरासत में कोई राज उसने पाया हो
अथवा अभी-अभी ऐसा नीड़ बनवाया हो,
जिसमें एक हिस्सा मर्द का है
और एक जनाना भी;
ड्राइंग-रूम भी है और गुसलखाना भी!

महल-अटारी के लिए आदमी बेकार रोता है।
मैं पूछता हूँ,
इस चिड़िया की तरह वह खुश क्यों नहीं होता है?

गहराई में जाओ

जहाँ प्रेम है,
उस धरातल से नीचे जाओ;
क्योंकि आत्मा प्रेम से बहुत अधिक गहरी है।
प्रीति है ऊपर की लहलहाती घास,
लेकिन, हृदय पिघली हुई चट्टान है।

पिघली हुई शिलाओं की यह नदी
खामोश भी है और अथाह भी।
मन को वह गर्म भी करती है
और हरती है आत्मा का दाह भी।

अपने पुरातन हृदय की गहराई में उतरो नारी!
अपने आपको देखना छोड़ दो।
अपनी आँखों से ओझल करो मुझे

मुझे, जिसे तुमने इतने जोरों से प्यार किया है।
आओ, उस शीशे को तोड़ दो,
जिसमें हम दोनों के बिम्ब पड़ते हैं,
जिसे देख कर, मन-ही-मन, हम दोनों डरते हैं।

क्योंकि जीवन की भंगिमा
फिर उस गहराई की ओर चलने लगी है,
जो आँखों से ओझल,
दृष्टि के पार है।
जहाँ जीवित हृदय की कन्दरा है,
अन्धकार है।

लेकिन, बताती जाओ
कि तुम्हारे हृदय की अँधेरी खान में
जो धातुएँ हैं,
उनमें कोई हीरा भी है,
जिसे हमने और तुमने मिलकर गढ़ा है?

पारस्परिक विश्वास का कोई नीलम,
अथवा कोई माणिक्य या लाल,
जिस पर मेरा और तुम्हारा बिम्ब मढ़ा है?

अगर ऐसी कोई चीज नहीं है,
तो उचित है कि तुम मुझे छोड़ जाओ।
क्योंकि प्रेम के दिखावटी रूपों पर
अब मेरा फँसना मुश्किल है,

जैसे पावस का
वसन्त की तरह हँसना मुश्किल है।

बेमौसम का प्रेम,
खास कर वह प्रेम,
जो मौसम के आखिर में आता है,
हँसी की चीज है।

तब भी, अगर तुम जिद करोगी
और इसी नकली प्रेम पर मरोगी,
तो थोड़ी देर जरूर समझाऊँगा।
और तुमने अगर नहीं माना,
तो मैं खुद चला जाऊँगा।

क्या तुम्हारे पास बर्बर नारीत्व का
वह पुरातन हृदय नहीं है,
अपने आप को भूलने वाला,
अनुभूति के धागे से झूलने वाला,
जो उस पुरुष के हृदय-सा बलवान है,
जिसे प्यार करने का
तुम्हें शुभा या गुमान है?

अगर नहीं, तो तुम जाओ।
जाओ, अगर तुम्हें यही पसन्द है
कि हाथ में शीशा लेकर बैठी रहो
और अपना आशिक अपने आप को कहो।

यह बात मुझ पर नागवार गुजरती है
कि उम्र से उतरती हुई नारी
शीशे में अपने आप पर मरती है;
गरचे जादू छोड़ कर जा चुका है,
वस्नत का आखिरी फूल मुरझा चुका है।

उम्र जिसकी जवानी को तोड़ती नहीं,
बूढ़ी होने पर भी
जो बनाव-सिंगार छोड़ती नहीं;

लालची मैना,
रँगी हुई चोंच, रँगा हुआ डैना।
प्यार हर घड़ी जहीं-तहीं चाहिए।
ऐसी औरत मुझे नहीं चाहिए।

शैतान का पतन

जानते हो कि शैतान का पतन क्यों हुआ?
इसलिए कि भगवान
जरा ज्यादा ऊँचा उठ गए थे।

इसी से शैतान का दिमाग फिरा।
दुनिया का सन्तुलन ठीक रखने के लिए
बेचारा नीचे नरक में गिरा

भगवान को ललकारता हुआ
कि अगर तुम बिना दाग वाले चित्र हो,
प्रभो! तुम यदि इतने ऊँचे हो,
इतने पवित्र हो,
तो मैं नीचे अवश्य गिरूँगा।
और जो रास्ता नरक को जाता है,

उसके दोनों ओर अंगूर के बाग लगाऊँगा;
अंगूर की लताएँ, अफीम के पौधे और गूलर के पेड़,
और भी अनेक तरह के फूल रंग-बिरंगे, ढेर के ढेर।

और जो आत्माएँ मेरे समान गिर जाएँगी,
वे खाने को अंगूर पाएँगी।
थरथराते हाथों से जाम धरे हुए,
बालों में अफीम के फूल भरे हुए,
ये आत्माएँ मस्ती के गीत गाएँगी।
उछलती, कूदती, खेलती,
एक-दूसरी को गुदगुदाती-ढकेलती
हँसी-खुशी के साथ नरक की ओर जाएँगी।

स्वर्ग और नरक
एक ही तराजू के दो पल्ले हैं।
मूँज की डोरी और रेशम के छल्ले हैं।
तराजू के दोनों पल्ले जब हिलते हैं,
कभी-कभी एक दूसरे से जा मिलते हैं।

ईश्वर की देह

ईश्वर वह प्रेरणा है,
जिसे अब तक शरीर नहीं मिला है।
टहनी के भीतर अकुलाता हुआ फूल,
जो वृन्त पर अब तक नहीं खिला है।

लेकिन, रचना का दर्द छटपटाता है,
ईश्वर बराबर अवतार लेने को अकुलाता है।

इसीलिए, जब तब हम
ईश्वरीय विभूति का प्रसार देखते हैं।
आदमी के भीतर
छोटा-मोटा अवतार देखते हैं।

जब भी कोई 'हेलेन',
शकुन्तला या रूपमती आती है,

अपने रूप और माधुर्य में
ईश्वरीय विभूति की झलक दिखा जाती है।

और जो भी पुरुष
निष्पाप है, निष्कलंक है, निडर है,
उसे प्रणाम करो,
क्योंकि वह छोटा-मोटा ईश्वर है।

ईश्वर उड़नेवाली मछली है।
झरनों में हहराता दूध के समान सफेद जल है।
ईश्वर देवदार का पेड़ है।
ईश्वर गुलाब है, ईश्वर कमल है।

मस्ती में गाते हुए मर्द,
धूप में बैठ बालों में कंघी करती हुई नारियाँ,
तितलियों के पीछे दौड़ते हुए बच्चे,
फुलवारियों में फूल चुनती हुई सुकुमारियाँ,
ये सब-के-सब ईश्वर हैं।
क्योंकि जैसे ईसा और राम आए थे,
ये भी उसी प्रकार आए हैं।
और ईश्वर की कुछ थोड़ी विभूति
अपने साथ लाये हैं।

ये हैं ईश्वर
जिनके भीतर कोई अलौकिक प्रकाश जलता है।
लेकिन, वह शक्ति कौन है,
जिसका पता नहीं चलता है?

निराकार ईश्वर

हर चीज, जो खूबसूरत है,
किसी-न-किसी देह में है;
सुन्दरता शरीर पाकर हँसती है,
और जान हमेशा लहू और मांस में बसती है।
यहाँ तक कि जो स्वप्न हमें बहुत प्यारे लगते हैं,
वे भी किसी शरीर को ही देखकर जगते हैं।

और ईश्वर?
ईश्वर को अगर देह नहीं हो,
तो इच्छा, भावना, बल और प्रताप
वह कहाँ से लाएगा?
क्या तुम समझते हो कि ईश्वर गूँगा है?
मगर, वह निराकार हुआ तो बोल भी कैसे पाएगा?

क्योंकि ईश्वर जितना भी दुर्लभ हो,
समझा यह जाता है कि वह हमें प्यार करता है।
और चाहता है कि हम सृष्टि के सिरमौर बनें,
यह बनें, वह बनें या कुछ और बनें।
गरचे, उसकी शान निराली है,
मगर, सब कहते हैं
कि ईश्वर प्रतापी और शक्तिशाली है।

पहले तन या मन?

लोग कहते हैं कि वास्तविकता आत्मा से निकली है;
और शरीर शून्य का स्थूलीकरण है।
वायु हमारी असली देह
और शून्यता असली बस्ती थी;
यानी हमारा जन्म लेना एक प्रकार का मरण है।

लोग कहते हैं कि शुद्ध आत्मा शरीरहीन होती है।
आकार निराकार से जनमा है।
जो कुछ है, वह कुछ नहीं से उत्पन्न हुआ है।
और सारा संसार विचार से जनमा है।

मेरा खयाल है,
ये सब मूर्खता की बातें हैं।

जल में जो मीन तैरता है,
उसकी कल्पना किस मस्तिष्क ने की थी?
आगे जो-जो चीजें बननेवाली थीं
उन सब की तसवीर
क्या उसने पहले ही खींच ली थी?

भगवान का मन भी
कल्पना तो उन्हीं चीजों की करेगा,
जो बन गई हैं,
वजूद में आ चुकी हैं,
शरीर धारण करके
खड़ी हो चुकी हैं,
यानी पानी, मिट्टी या प्रकाश बनकर छा चुकी हैं।

दर्शन की अपेक्षा धर्म अधिक जानता है।
इसीलिए तो यह बात
वह विश्वास के साथ मानता है
कि ईसा ईसा थे ही नहीं,
न उन्होंने किसी को रोगमुक्त किया,
जब तक किसी मानवी ने
उन्हें अपनी कोख से जन्म नहीं दिया।

पैदाइश के बाद ही ईसा ईसा बनने लगे,
दूध पिया, रोटियाँ खाईं और उम्र में बढ़े,
और धीरे-धीरे सृष्टि की चोटी पर चढ़े।

ईसा शरीरवान् थे,
गरचे सीमित उनकी आवश्यकताएँ थीं,
आत्मा पवित्र
और निर्मल सारी इच्छाएँ थीं।

पुराने जमाने के मर्द

जब अफलातून ने विचारों के बहाने
बहुत-सी झूठी बातों का प्रचार किया,
उसके पहले आदमी आदमी था;

बदन से भरा-पूरा और भीतर से पुष्ट;
तृषाओं का तत्त्वज्ञानी नहीं;
बल्कि, हँसता-खेलता खुशी से जीनेवाला प्राणी,
अपने आपसे संतुष्ट;
चिन्ताओं से मुक्त,
पागल कर देनेवाले विचारों से बिलकुल अछूता,
आन्तरिक द्वन्द्वों से सर्वथा विहीन;
धरती पर उस प्रकार निश्चिन्त विचरनेवाला
जैसे नदियों में मौज से तैरते हैं मीन।

तब मर्दों के बाल 'सैमसन' के समान लम्बे थे।
शेर अगर राह रोकें,
तो मर्द उनसे खम ठोंककर भिड़ते थे।
उनकी धनुर्ज्या से बल-भरी टंकार उठती थी।

और उनके बाण
लक्ष्य से अलग नहीं गिरते थे।
उन्हें मालूम था
कि अपने अनस्तित्व का पता लगाना
कोई अच्छा काम नहीं है।
और अस्तित्व से खाली वे थे भी नहीं,
आज के नकली आदमियों के समान
मर्द वे नकली और जाली थे भी नहीं।

मुझे लगता है, वे भरे-पूरे मर्द
फिर आ रहे हैं।
सुनो, यह उन्हीं दाढ़ीदार मर्दों का
गगनभेदी अट्टहास है।
नदियाँ सहम रही हैं,
पर्वत थर्रा रहे हैं।

योद्धाओं की-सी कमर पतली और कसी हुई,
चौड़ी छातियों पर निशान भालों के,
पाँव ऐसे सुघड़ और सुडौल हैं,
मानो, हों चाँदनी में नाचनेवालों के!

नाचते-नाचते ही वे अदृश्य हुए थे,
और नाचते-नाचते ही फिर आ रहे हैं।
नया आदमी यह समझता भी नहीं
कि उनके चेहरे
क्यों इतने पुष्ट और लाल हैं।
न हम यही समझते हैं
कि वे इतना खुलकर क्यों हँसते हैं;
क्यों इतनी बेफिक्री से गा रहे हैं!

मृत्यु का गीत

मृत्यु के गीत गाओ, अरे गाओ!
अगर स्वर समर्थ है।
क्योंकि मृत्यु के गायन के बिना
जीवन के गीत का न अर्थ है।

मृत्यु के गीत मरने के गीत नहीं हैं,
गीत हैं वे सबसे लम्बी सफर के!
उस अनजाने देश के गायन,
जहाँ आदमी को जाना पड़ता है मर के।

दुनिया से जाने के समय
आत्मा क्या छोड़ती, क्या लेती है?
जिसे सब मृत्यु कहते हैं,
वह उसे कैसी दिखाई देती है?

परतों पर परतें अन्धकार की।
और आत्मा उनके भीतर प्रवेश करती है।
प्याज के छिलकों के समान
अँधेरे पर अँधेरा है।
मरने पर भी सृष्टि का अर्थ आसानी से नहीं खुलता।
सत्य को छिपाये हुए
तिमिर का घेरों पर घेरा है।

सभी परतों के पार,
अन्धकार के नीचे,
अतल में वह जगह है,
जहाँ विस्मृति विराजती है,
पूरी निःशब्दता के बीच
शान्ति राजती है।

यहीं पहुँच कर आत्मा
पूर्णतः एकान्त होती है।
अशब्द मौन के पास
जाने पर शान्त होती है।

अन्धकार की परतों का गान करो।
जहाँ एकान्त का मूल बिन्दु है, उसे खोजो।
विस्मृति के गाओ गान,
जहाँ प्राणों को शान्ति मिलती है।
उस गहराई का करो संधान,
जहाँ अशब्दता की कली खिलती है।

रचना

रचना दैवी प्रेरणा से होती है,
सृष्टि का यही भेद है।
और यह प्रेरणा दिमागी कसरत नहीं,
न बुद्धि का स्वेद है।

बुद्धि के परे भी कोई घटा घहराती है।
तब भी कौन कहे, प्रेरणा कहाँ से आती है?

लेकिन, हर कलाकार यह जानता है
(और अपने अनुभव से सत्य मानता है)
कि जो चीज उसने गढ़ी है,
बुद्धि की पिटारी में थी ही नहीं।
यह रचना भी उसकी कलम से उतरेगी,
ऐसी चिन्ता उसने कभी की ही नहीं।

पहले जरा भी नहीं भान हुआ,
घटना घट गई, तब उसका ज्ञान हुआ।

कोई अजनबी दर्द है
जो एक-ब-एक उभर आता है।
यह मत समझो
कि कविता रचनेवाला जीव सुख पाता है।

मगर, मजबूरी की बात
कि इस दर्द से वह भाग नहीं सकता;
आस-पास जो मेघ मँडराते हैं,
उन्हें त्याग नहीं सकता।

प्रेरणा के चंग पर चढ़ी
धड़कन बेहोशी में काम करती है,
हाँ, जब कविता जन्म लेकर खड़ी हो जाती है,
दिल से उठकर दिमाग को सलाम करती है।

ईश्वर सबसे बड़ी प्रेरणा है।
किन्तु, पहले से वह भी कुछ नहीं जानता है।
प्रेरणा जब रक्त और मांस का रूप ले लेती है,
ईश्वर भी उसे तभी पहचानता है।
और अपनी सृष्टि पर चकित
वह भी सोचता है :

'वाह! अजीब बात!
यह तो खूबसूरत आदमी बन गया।
अच्छा, इसे पुचकारें और प्यार करें।
इसे ठीक से समझें,
इसके बारे में विचार करें।'

शिखा

अगर तुम्हारे भीतर कोई शिखा जलती है,
तो उसे अभंग जलने दो।

अगर यह लपट ऊपर की ओर चलती है,
तो उसे बेरोक-टोक चलने दो।

पवित्रता की यह लपट, पुण्य की आग
समुद्र के भीतर जो स्फटिक छिपा हैं,
उसकी छाती से उठनेवाला उज्ज्वल यह राग
क्षण भर भी अहंभाव से
यदि तुम्हें मुक्त करता है,
जितनी छोटी बातें हैं
उनसे वियुक्त करता है;

तो उतनी देर के लिए
तुम मर्त्य साधारण नहीं,
देव हो;
ईसा हो अथवा महादेव हो।

भावी धर्म

कहते हो, छूना हेय कर्म है?
स्पर्श के रहस्य में भविष्यत् का धर्म है।
मन है स्पर्शहीन,
आत्मा अदेह,
इच्छा परस से दूर है।
लेकिन, मनुष्य मजबूर है।

इसीलिए, मृत्यु प्रथम आती है,
चेतना में निद्रा भर जाती है।

तब आता है शुद्ध और स्थायी एकान्त,
सब कुछ जब हो जाता शान्त,
धर्म की उठती झंकार है।
मनुष्य स्पर्श पाकर उठ बैठता है।
परस का मन्त्र उसका करता उद्धार है।

सूर्यधन

सूर्यधन का धनी होने के लिए
केवल सूर्यधन ही काफी है,
अपने स्नेह से आप जलनेवाला मन ही काफी है।

क्या हुआ, अगर ऐसा आदमी नहीं है
जो तुम्हारे कान में कीर्तन चुलाता रहे,
अपनी साँसों से बैलून के समान
तुम्हें फुलाता रहे?

बनने दो, और लोग जो बनना चाहें
मगर, तुम अपने आप में समाओ,
कान बन्द करो और आँखें मींचो,
अपनी सारी अमीरी सीधे सूर्य से खींचो।

मैं जो कुछ हूँ, केवल सूर्य से हूँ।
जनता की राय से अपने को नहीं मापता हूँ।
न तो लोगों की कानाफूसी सुनता हूँ,
न उनके चेहरों के भाव भाँपता हूँ।

अगर बातें ठीक से शुरू की जाएँ,
तो एक-एक बच्चा सूर्यमय बन सकता है;
सूर्य की अमीरी से लैस,
चमकदार और निर्भय बन सकता है।

तब दुनिया में ज्यादा लोग मरे नहीं होंगे।
समाज में रुपयों के गुलाम
और धन के कीट भरे नहीं होंगे।

पूर्ण जीवन

युद्ध में पीठ दिखा सकते हो?
दुश्मन से मुँह मोड़ सकते हो?
यानी जितनी चिन्ताएँ तुम्हें घेरती हैं,
उनसे सम्बन्ध तोड़ सकते हो?

अगर नहीं,
तो पूरी तरह जीना दुश्वार है;
असली जो रस है,
उसे पीना दुश्वार है।

चिन्ता में लगा हुआ आदमी,
इस भय से जगा हुआ आदमी
कि मरना पड़ा तो, स्यात्, कुछ भी न पाएँगे,
अंक तो बनेंगे नहीं, शून्य रह जाएँगे।

मरने से डरने को
मानता जो पुण्य है;
मेरा खयाल है, ऐसा आदमी
अभी भी शून्य का शून्य है।

विचार

प्यारे, मुझे प्यारे विचार हैं।
पर, वे नहीं,
जो कहे जा चुके,
फिर भी, कहे जाते बार-बार हैं।

तोड़-मरोड़ से नवीन बननेवाली चीजों से घृणा करता हूँ।
मैं तो सिर्फ उन विचारों पर मरता हूँ,
जो बिलकुल नये सिरों के समान उगते हैं,
पक्षी जो केवल उन दानों को चुगते हैं,
जिन्हें पहले किसी ने नहीं खाया था।
यानी वह भाव
जो भाषा में पहले कभी नहीं आया था।

विचार है वह अज्ञात जीवन
जो अन्धकार से उठकर ऊपर आता है।
विचार वह निकष है,
जिस पर बयान परखा जाता है।

जिन्दगी के चेहरे पर टकटकी लगाना
और पढ़ना वह बात, जो पढ़ी जा सकती हो,
करना ऊँची चोटियों का ध्यान,
और चढ़ना, जहाँ तक, वह चढ़ी जा सकती हो।

विचार अनुभूतियों का निदिध्यासन है।
निष्कर्षों पर पहुँचने की क्रिया,
विचार अशब्दता अधिक, अल्प भाषण है।

अक्ल की चालाकी न तो बुद्धि का व्यायाम है।
विचार उस पूरे मर्द का नाम है,
जिसका सारा अस्तित्व जगा हुआ है,
सत्य के संधान में लगा हुआ है।

दो तरह के लोग

आदमी अगर आदमी को
देखकर रह जाए,
आगे जो है भेद,
उसे नहीं समझ पाए,
तो यह समझो
कि सब नष्ट होता है।
यन्त्र का पुतला अगर बीच में आए,
तो आत्मा को कष्ट होता है।

लाजिम है, कुछ लोग
काम करते हुए भी ध्यान करें,
देवताओं की आँखों से आँखें मिलाएँ
और उनमें जो ज्योति है,
उसका सम्मान करें।

और बाकी लोगों को उचित है
कि जिन थोड़े लोगों ने
देवताओं की आँखों से आँखें मिलाई हैं,
उनकी बात मानें,
उन्हें अपना गुरु करके जानें।

धारा पर बुद्धि का न जोर है।
नदी पीछे मुड़कर बहेगी नहीं,
आदमी को अपना मकसद कहेगी नहीं,
उसका प्रवाह देवताओं की ओर है।

चार तत्त्व

हमारी इन्द्रियों के लिए
तत्त्व चार ही हैं।
वे चार ही थे, चार ही रहेंगे;
क्योंकि वे तत्त्व हैं जीवन के
कविता के, ज्ञान के,
चूमने और खाने-पीने के,
समाधि और ध्यान के।

जीवन की ये चार जड़ें
और जड़ों से अधिक प्रबल हैं।
तुम्हें पहले से अगर मालूम नहीं है,
तो बताता हूँ,
ये चार तत्त्व पृथ्वी, अग्नि, वायु और जल हैं।

और तत्त्वों के लिए तुम्हें
प्रयोगशाला में जाना होगा।
दूरबीन और खुर्दबीन पर
काफी समय बिताना होगा।

लेकिन, ये चार तत्त्व हमेशा हमारे साथ हैं।
आखिर, दुनिया और किसे कहते हैं?
हक तो यह है कि इन तत्त्वों को हम नहीं ढोते,
वे ही हमें साथ किये रहते हैं।

पाप

पाप ईश्वर के खिलाफ काम है,
ऐसा कहना सन्देह से खाली नहीं है।
ईश्वर न पुण्य से खुश होता है,
न पाप से डरता है।
सच तो यह है कि वह
पुण्य और पाप की परवाह ही नहीं करता है।

लेकिन आत्मा,
जो हमारे रक्त और मांस में रहती है,
अन्याय से दुःख मानती है
और पाप को वह बिलकुल नहीं सहती है।

आत्मा हमारी सबसे बड़ी गहराई का नाम है।
और उसका यह काम है

कि वह बिना भाषा के बोले,
हम जो कुछ सोचते या करते हैं,

उसे समझे, बूझे और तोले;
घड़ी-घड़ी हमें सावधान करे;
उस ऊँचाई पर से हमारा आह्वान करे,
जहाँ देवता आते-जाते हैं
और इशारों से हमें अपने पास बुलाते हैं।

इसलिए अगर हम
अपनी गम्भीरतम चेतना के खिलाफ जाते हैं,
तो हम पापी हैं।
क्योंकि हमारे भीतर जो असली तत्त्व है,
उसे हम बेवकूफी में गँवाते हैं।

मन के भीतर अगर कोई गाँठ पड़ गई,
तो वह खोले नहीं खुलेगी।
और भीतरी चेतना में अगर कालिख लग गई,
तो वह मुश्किल से धुलेगी।

क्लान्ति

मेरी आत्मा बेखुदी का आलम खोजती है,
क्योंकि दिन भर काम करते-करते
वह थक गई है।

मगर, धरती पर रूह की थकन उतारने वाली
अब शाम कहाँ?
आत्मा जिसे खोजती है,
उस बेखुदी का नाम कहाँ?

बेखुदी, जो शान्ति के बाद
अँधियाली के समान आती है,
और मन को
अपने आप से कहीं दूर ले जाती है।

क्योंकि आदमी ने
धरती की शान्ति को मार डाला है।
विस्मृति के जिन अशब्द कुंजों में
देवता उतरते थे,
उन्हें बेरहमी से उजाड़ डाला है।

विनम्रता

डींग हाँकना विनम्रता नहीं है।
मगर, लोग विनम्रता की भी डींग हाँकते हैं।
जो चीज उन्हें स्वाभाविकता से नहीं मिली,
उसे विनम्र होकर माँगते हैं।

सच पूछो, तो ये लोग खटमल हैं।
जब आदमी नींद में होता है,
ये उसका लहू पीते हैं।
सिर तान कर चलनेवाले जिन्दा लोग
इन्हें पसन्द नहीं आते।
ये मरे या मुमूर्षु जीवों को
खाकर जीते हैं।

दूसरों के सामने
तैयारी से झुकना विनम्रता नहीं,
अपने आपका अपमान है।

मैं तो किसी के भी सामने नहीं झुकता,
क्योंकि मैं मानता हूँ
कि मेरी ही तरह
हर आदमी ऊँचा इनसान है।

अच्छा हो कि नकली विनम्रता का
रिवाज रुके।
न मैं किसी के सामने झुकूँ,
न कोई मेरे सामने झुके।

लेकिन, जब भी किसी आदमी के भीतर
मैं रोशनी की लपट
या जीवात्मा की तड़प पाता हूँ,
तो उसे बुलाता नहीं, उसके पास मैं खुद जाता हूँ।
और कहता हूँ
कि ओ मेरे आत्म-बन्धु!
मैं तुम्हारा अभिनन्दन करता हूँ।
और तुम्हारे पाँव में जो धूल लगी है,
उसका मैं चंदन करता हूँ।

प्राचीन ज्ञान

समुद्र जल का सबसे पुराना कोष है।
फिर भी उसके भीतर एक दोष है।
और वह यह
कि समुद्र के खारे जल को मीठा बनाना
बहुत ही मुश्किल काम है।
इसीलिए, प्यासों की दुनिया में
समुद्र बदनाम है।

और पुराने सत्य का भी यही हाल है।

पुरानी कहावतें, पुरानी अक्ल
और पुरानी अनुभूतियाँ
यानी प्राचीन चिन्तन की सभी विभूतियाँ

ऐसी हैं, जिन्हें आज की छलनी में
छानना आसान नहीं है।
जो बातें पुराने लोग कह गए हैं,
उन्हें ठीक से जानना आसान नहीं है।

आत्मा और क्रान्ति

जीवन की साँस
और अंधड़ के झोंके,
जो क्रान्ति को उठाये हुए आते हैं,
एक ही चीज हैं।

क्रान्ति की हवा से
वे ही लोग घबराते हैं,
सृष्टि के साथ बाँधनेवाले तार
जिनके टूट चुके हैं।
संक्षेप में, जो लोग
आत्मा के आलिंगन से छूट चुके हैं।

जहर

ज्यादा लोग जीवित नहीं,
मरे हुए हैं।
अपनी आत्मा के सामने
आप डरे हुए हैं।

जानते हो, किसने मनुष्यता को मारा है?
असली कातिल का नाम झूठ है।

झूठ यानी बुरी किस्म की बहानाबाजी।
चीज हकीकी हो या मजाजी,
बुरी बात है
कि जिसकी अनुभूति हममें हुई नहीं
उसके अनुभव का स्वांग भरें;
दुनिया को ठगें,
मगर, अपनी नजरों में आप मरें।

जिन्दगी की साँस

जिन्दगी की साँस परिवर्तन की तेज हवा है,
जिसके साथ विध्वंस का उच्छ्वास मिला होता है।
हरियाली से भरी कोई नर्म टहनी,
जिस पर पावक का फूल खिला होता है।

लेकिन, अगर तुम पूरी जिन्दगी को
गहरी साँस के साथ खींचना चाहो,
तो एकान्त में जाओ।
शान्ति के बीच समाधि लगाओ।
चीजों को देखने का काम बन्द करो।
अँधेरे में बसो और आनन्द करो।

बेखुदी

भूलना, असल में, अपने आपको
ईश्वर को अर्पित करना है।

जहाँ-जहाँ स्मृति की खिड़कियाँ खुली हैं,
व्यग्रता की बहती बयार है।
जब तक ये वातायन बन्द नहीं होते,
ईश्वर नहीं मिलेगा।
ईश्वर का वास सारी स्मृतियों के पार है।

ईश्वर तब मिलता है,
जब हम अपने-आपको भूलते हैं।
बहुत जानना, आदमी को
असली जानकारी से अलग करता है।
तब भी, ज्ञान बघार कर,
कितना हम फूलते हैं!

सत्य का ज्ञान

सत्य की अनुभूति पाना चाहते हो?
व्योम के उर में समाना चाहते हो?
तो उचित है,
तर्क की बातें नहीं बोलो।
अक्ल और सूझ को
एक नहीं, सभी इन्द्रियों के साथ घोलो।

सत्य से अगर दूर रह जाओगे,
इन्द्रियों से मिलनेवाला
सन्तोष नहीं पाओगे।

भविष्य के संकेत

देखना ही चाहते भविष्यत् में क्या है,
तो देखो उन्हें,
जो सूखे नहीं, नम हैं;
जिनकी उम्र
तीस साल से अभी कम है।

जो भी लोग जिन्दादिल,
ताजे, नौजवान हैं,
आज सारी दुनिया में,
लगभग, समान हैं।

अल्हड़, मुलायम मिजाज से,
रूठे हुए बूढ़ों के समाज से।

घिसे भाँड़े-बरतन तोड़नेवाले,
पुराने मूल्यों से नाक सिकोड़नेवाले।

चेहरों पर कुछ थोड़ी
आभा युद्धहीनता की,
चिन्ता नहीं सुख की,
परवाह नहीं दीनता की।

शब्द नहीं, शोर नहीं,
ज्ञान नहीं,
एक छोड़
और किसी सपने का ध्यान नहीं।

फूलों से भर जाने को
तैयार फुलवारी है,
बस, एक सही स्पर्श की
इन्तजारी है।

भविष्य का युद्ध

हमारी औद्योगिक सभ्यता जब टूटेगी,
स्पर्शवाली सभ्यता की धारा तब फूटेगी।
अमृत से मानव-मन शुद्ध होगा,
धरती पर कहीं नहीं युद्ध होगा।

देखते हो आदमी के दिल को?
कुहरे में दीपती-सी कलिका झिलमिल को?
जिस ओर होकर
यह खोल रही दल है,
उधर कहीं भी नहीं युद्ध का अनल है।

है तो, बस, केवल अनेकता है।
अगम वैविध्य को
सँभाले हुए एकता है।

विविधता जब प्रबल होती है,
लड़ाई के देवता रोते हैं,
दुनिया को एक करने की सनक से
युद्ध उत्पन्न होते हैं।

आदमी

आदमी के बारे में
मैं केवल यह चाहता हूँ
कि उसके भीतर की चिनगारी
अभंग रहे।
अपनी आग को वह कभी भी बुझने नहीं दे।
और जो आपदाएँ पड़ें,
वीरता के साथ सहे।

चिनगारी चमकती रहे
सदा उज्ज्वल होकर,
आदमी बचाये उसे
सर्वस्व खोकर।

लेकिन, हाय!
सभ्यता ने तृष्णा की अति से
इस आग को कुचल डाला है;
दीपक की लौ को तोड़ दिया है।
आदमी के भीतर अब आग कहाँ जलती है?

सभ्यता ने उसे
मिट्टी का जीवित पुतला बनाकर छोड़ दिया है।

क्योंकि चिनगारी जब बुझ जाती है,
शैतान का काम बन जाता है।
आदमी तब रुपयों का दास,
मजदूरी का गुलाम बन जाता है।

दुखी आत्मा

दुखी, सच पूछो तो, वह है,
जो मर कर शान्त होना नहीं जानता है।
जो हर जगह अपने को आगे ढकेलने को
जिस-तिस से लड़ाई ठानता है।

हुक्म

ईसा ने दिया हुक्म,
पड़ोसियों को प्यार करो।

नतीजा यह कि या तो झूठी जिन्दगी जियो
या अपना संहार करो।

पड़ोसी हो या बे-पड़ोसी हो,
आदमी किसी को भी
हुक्म से प्यार नहीं करता है।
और प्यार का अगर वह स्वाँग भरे
तो आदमी जीता नहीं, मरता है।

नौकरी

आदमी को काम करना ही चाहिए,
धरती को पसीने से भरना ही चाहिए।
लेकिन, शरीर नहीं, मन के वास्ते,
धन नहीं, जीवन के वास्ते।

अपना कर्तव्य पहचानो,
आज्ञा अवश्य मानो,
लेकिन, नहीं अफसर की,
बल्कि, उस नर की,

आँखों में आँखें डाल
जिसने देवताओं को देखा है;
जिसकी आकृति में
जीवन की प्रकाशमयी रेखा है।

केवल आदमी होना काफी नहीं।
आदमीयत के आगे एक और जहान है।
उस लोक तक जो जाता नहीं;
आदमी को ऊपर उठाता नहीं;
किसी भी तरह नहीं पूरा इनसान है।

जागना और सोना

नींद आने पर मैं हूँ नहीं,
कहीं और चला गया हूँ।
जिन्दगी ने मुझको छोड़ दिया है,
दुनिया ने, जैसे, नाता तोड़ लिया है।

और तब भी, दुनिया में नींद से अधिक
और कोई वस्तु सुन्दर नहीं है।

रोशनी नहीं, ख्वाब नहीं,
नींद खूब गहरी है,
चेतना, मानो, विस्मृति
के शिखर पर ठहरी है।

नींद जब खूब गहरी आती हो,
उससे अच्छी रात क्या होगी?
सोने से बढ़कर, मैं पूछता हूँ,
और बात क्या होगी?

हाँ, हमारा सारा मकसद आराम नहीं।
मैं नहीं कहता
कि गहरी नींद से जग पड़ना
अच्छा काम नहीं है।
मगर, पूछने की बात तो यह है
कि रात तुम ठीक से सोए या नहीं?

क्योंकि वरदान है वह नींद
जो घनी हो।
जगने पर ठीक यह महसूस होता है,
मानो, दुनिया नये सिरे से बनी हो।

पैगम्बर

संध्या का गुलाबी आसमान,
सुहावनी घड़ी है;
क्षितिज के पास, आदमी के दरवाजे पर
विचारों की एक माता
चादर लपेटे खड़ी है।

और मर्दों का हाल देखो कि वे
इस सुन्दरी से अपना मुँह छिपा रहे हैं।
तेजस्विनी का रूप इतना प्रखर है
कि मर्द उसकी आँखों से
आँखें नहीं मिला सकते;
लगता है, वे अपनी नामर्दी के कारण
शरमा रहे हैं।

औरत तो उस दूल्हे की खोज में है
जो बीज बोकर विचार उपजाए;
मगर, घबराए हुए मर्द चाहते हैं
कि दरवाजे से यह रूपसी लौट जाए।

मर्दो! अगर इस नारी के
उर्वर आलिंगन से इनकार करोगे,
तो घाव इसे नहीं, तुम्हीं को लगेगा।
और दर्द से यह औरत नहीं मरेगी,
बल्कि, तुम खुद मरोगे।

बीमारी का इलाज

मैं यन्त्र नहीं हूँ,
न फकत कल-पुर्जों का जोड़ हूँ।

मैं बीमार इसलिए नहीं हूँ
कि मेरा यन्त्र बिगड़ गया है,
कोई काँटी काम नहीं करती है
या किसी पुर्जे का पेच उखड़ गया है।

मैं बीमार इसलिए हूँ
कि मेरी आत्मा को चोट लगी है;
भावनाओं की अज्ञात गहराई में
कहीं कोई वेदना जगी है।

और आत्मा का घाव
बहुत जल्दी नहीं सूखता।
इसकी चिकित्सा का एक ही राज है
कि एकान्त पाकर पछताओ और रोओ,

अपने घाव को अपने ही आँसुओं से धोओ।
क्योंकि काल सबसे बड़ा वैद्य है
और सब्र से बैठना
ऐसी पीड़ाओं का सबसे सही इलाज है।

महसूस करो गलतियों को
जिन्हें तुमने कभी किया होगा।
उस जहर का पता लगाओ
जिसे, गलती से, तुमने पिया होगा।

छिपाने से गलतियाँ ठीक नहीं होती हैं।

काँटे अगर आत्मा से निकल गए,
पीड़ा, आप-से-आप, मरेगी।
और किसी भी उपाय से
हालत नहीं सुधरेगी।

मौज-मजे का इन्किलाब

अगर इन्किलाब करना हो
तो यह काम न तो जद्दोजहद, न रेल-पेल में करो।
क्रान्ति अच्छी चीज है,
यह काम हँसते-हँसाते, खेल-खेल में करो।

क्रान्ति इसलिए मत करो
कि कुछ लोगों से तुम्हें नफरत है,
बलिक, इसलिए कि जिन्दगी में
तुम नई साँस फूँकना चाहते हो;
जिनकी आँखें केवल रुपयों पर गड़ी हैं,
उनकी आँखों पर थूकना चाहते हो।

और क्रान्ति कभी भी
दौलत के वास्ते नहीं करना।

रुपयों पर लानत भेजो।
चाँदी के ठीकरों पर क्या मरना?

योजना गलत है समत्व फैलाने की;
समत्व तो अभी ही बहुत काफी है;
समाज में शक्ति चाहिए समता पचाने की।

काम यह करो
कि जिस गाड़ी में सेब भरे हैं,
माल और खजाने युगों के धरे हैं;
उसे उलट डालो।
जरा यह खेल भी तो देखो
कि गिरते समय सेब कैसे हरहराता है।
माल लुढ़क कर
कितना उधर जाता, कितना इधर आता है।

और मजदूरों के लिए इन्किलाब!
बात कुछ कम जँचती है।
उज्र क्या इसमें कि साहूकार भी फकीर बने?
मगर, अच्छी बात यह है
कि हर आदमी जरा-जरू अमीर बने।

मजदूरी नीलाम न हो,
न कोई कर्ज ले के सूद भरे।
जैसे खुला हुआ गधा दुलत्ती फेंककर नाचता है,
हर आदमी, उसी तरह, खुशी में उछल-कूद करे।

और अन्तरराष्ट्रीय श्रम के लिए तो
क्रान्ति बिलकुल ही वृथा है।
आदमी को मजदूर बनाना
दुनिया की सबसे बुरी प्रथा है।

इस कलंक को अब धोना ही चाहिए,
जो मजदूर है, उसे मनुष्य होना ही चाहिए।

मेहनत को मौज-मजे का खेल बनाओ,
आदमी को सबसे पहले यह समझाओ,
कि मेहनत जिन्दगी का असली राज है।
और जो काम करता है, वह मजदूर नहीं,
इन्सानियत का सिरताज है।

ऊँचा वह है जो अपने पसीने से समाज को सींचता है।
और वह पापी है, जो गद्दी पर तोंद बजाता है।
या पड़ा-पड़ा हुक्के का कश खींचता है।

वर्ग और जनता

इसी मही पर जनता भी है, वर्ग भी;
बड़े-बड़े बाबू भी, भैया खर्व भी।
दोनों हैं दो, एक मगर उनकी धरणी है;
दोनों की ईजाद मशीनों की करनी है।

वर्ग श्रेष्ठ है,
क्योंकि वही यन्त्रों का मन है।
जनता भी है श्रेष्ठ,
क्योंकि आखिर यन्त्रों के
हाथ-पाँव तो यही मलिन, साधारण जन हैं।

झूठ नहीं यह बात कहा था जिसे किसी ने,
'हमीं नहीं तो परमेश्वर, बोलो,
किस भाँति जिएगा?

बोलेगा किस तरह?
और जब भूख लगेगी,
निराकार किसके मुख से
खाएगा और पिएगा?'

ईश्वर पर यह उक्ति भले कुछ कम घटती हो;
माना, जो है खुदा, आदमी का मुहताज नहीं है।
कल-पुर्जों पर, मगर, बात यह पूरी तरह सही है।

अगर आदमी किसी रोज रोटियाँ नहीं लाएगा,
निश्चय ही, देवता यन्त्र का भूखा रह जाएगा।

खतरों में जिन्दगी खड़ी जब तक अपने हाथों से
सहलाती है पीठ, अंग पोंछती, पाँव मलती है,
यन्त्र तभी तक आँख मूँद बेफिक्र काम करते हैं,
और तभी तक तन्दुरुस्त होकर मशीन चलती है।

बुर्जुआ

बुर्जुआ जानवर है, जानवर।
खास कर, मादा नहीं, नर।

बदन मुलायम, खुशनुमा सूरत है।
बिलकुल तोहफे में देने लायक मूरत है।
सौगात भेजूँ? रखोगे सहेज कर?
गुलदस्तों के पास किसी टेबुल या मेज पर?

कितना खूबसूरत! कैसा तन्दुरुस्त है!
सुख में पले हुए मस्त आदमी का नमूना!
छाती चौड़ी, बाँहें भरी, कंधा पुष्ट है;
दिल मुलायम है और मन भी नहीं दुष्ट है।

ईश्वर ने अपने अनुरूप इसे गढ़ा है।
बातें कितनी तहजीब से करता है!
और आदमी भी यह काफी लिखा-पढ़ा है।

रोज शाम को कसरत, व्यायाम या खेल-कूद के लिए
मैदान में जाता है।
और मोटर पर तीस मील से वापस आता है।

सोचो, क्या इसके समान
बनना नहीं चाहोगे?

खाने-पीने से निश्चिन्त मस्त-मौला;
अगर बहादुरशाह नहीं तो, कम-से-कम, आसफुद्दौला।

लेकिन, सारी बातें इतनी ही नहीं हैं।
जरा रुको
और इसे किसी विपरीत भाव से टकराने दो;
कोई ऐसी परिस्थिति इसके सामने आने दो,
जिसमें किसी नैतिक उलझन का रंग हो;
यानी जिस परिस्थिति का यह ढंग हो
कि वह आदमी से नई समझदारी की माँग करे।

तब देखो, यह कैसे चकराता है,
किस कदर परीशान होता है! कितना घबराता है!

जब तक परिस्थितियाँ अनुकूल हैं,
बुर्जुआ काफी चतुर और प्रबल दिखाई देगा।
लेकिन, जैसे ही कोई विरोधी बात आएगी,
बुर्जुआ की बुद्धि ठिठक जाएगी।

क्योंकि बुर्जुआ जानवर है, जानवर।
खास कर, मादा नहीं, नर।

सीधा, छरहरा, देखने लायक और सुहाना,
कुकुरमुत्ते की तरह बना-ठना, ठाठ से मस्ताना।
अमरबेल की तरह दूसरे वृक्षों पर छानेवाला,
अपने से बड़ी जिन्दगी को चूसकर खानेवाला।

और इतने पर भी वह बेस्वाद है,
बदमजा बड़ा है।
क्योंकि एक ही जगह पर
वह बहुत दिनों से खड़ा है।

चमड़ी मुलायम है, चेहरा आबदार है,
नख से शिख तक बहुत अच्छा आकार है।
लेकिन, पेट तोशक की तरह गुलगुला है,
छूकर देखो तो यह आदमी
भीतर से भी पुलपुला है।

विचार ऊँघते हैं।
भावना छूँछी थरथराती है।

बुर्जुआ को देखकर
मुझे उबकाई आती है।
रेशम ओढ़कर पुराने बिस्तर पर सोता है।
मर्द आदमी क्या ऐसा होता है?

बुर्जुआ और बालशेविक

बुर्जुआ और बालशेविक के बीच
गर चुनाव हो,
तो मैं बुर्जुआ को चुनूँगा।

वैसे तो, बुर्जुआ न जज है, न काजी है,
फिर भी, आदमी के साथ
वह करता जरा कम दस्तन्दाजी है।

मगर, रोशनी का नाम लेते ही
मन में अँधेरा झाँक जाता है।
इसी तरह, बुर्जुआ के आते ही
बालशेविक, आप-से-आप, आता है।

क्योंकि बुर्जुआ ने ही
बालशेविक को पैदा किया है।
एक अर्द्ध-सत्य ने
दूसरे अर्द्ध-सत्य को जन्म दिया है।

दकियानूस

अरे ओ दकियानूस,
जिसका मिजाज, सड़ने पर भी, गरम है।
अरे ओ उदारतावादी,
जिसकी मिट्टी, जरूरत से ज्यादा, नरम है।
तुम दोनों ने मिलकर
बालशेविक का कार्य बना दिया।
क्रान्ति को अनिवार्य बना दिया।

मच्छर

मच्छर खफीफ जानवर है।
मगर, वह खूब जानता है
कि वह शिकारी है।

वह दूसरों का लहू पीता है।
एक जीव दूसरे के रक्त पर जीता है।

मगर, इंसाफ की बात कहनी हो
तो यह कहना चाहिए
कि जितने से पेट भरे,
उतना ही खून वह चखता है।
और आदमियों के बदन से लहू चूसकर
वह बैंक में नहीं रखता है।

कोई क्रान्ति शुरू करो

है कोई यहाँ
जो एक क्रान्ति शुरू करे
रुपया पाने के लिए नहीं,
न उसका मान बढ़ाने के लिए;
बल्कि, हमेशा के लिए
दुनिया से उसका रिवाज उठाने के लिए?

है कोई यहाँ
जो एक क्रान्ति शुरू करे
मजदूर-वर्ग को गद्दी पर बिठाने को नहीं,
बल्कि, हमेशा के लिए
कमकरों के वर्ग को खत्म करके
आदमियों की
एक नई दुनिया बसाने के लिए?

भावी राज्य

मनुष्य जब एक-दूसरे को छुएगा,
उँगलियों से पीयूष चुएगा।

लोहा पिघलेगा,
मशीनवाली सभ्यता बह जाएगी।
दीखेगा विश्ववाद का नारा।
जैसे भोर का टिमटिमाता तारा।

सत्ता का केन्द्रीकरण,
व्यक्ति के स्वत्वों का हरण,
ये सारी प्रक्रियाएँ रुक जाएँगी।

एकता अनेकता में अपने को खोजेगी,
सीधी ऊँचाई नहीं,

टेढ़े फैलाव में
धरती भविष्यत् के सपने को खोजेगी।

रंग-बिरंगे छोटे-छोटे देश,
बोलते हुए अपनी-अपनी भाषाएँ,
पहने हुए अपने-अपने वेश,
एक ही महफिल में बैठेंगे होकर स्वाधीन,
कोई नहीं किसी की भौं के अधीन।

चितकबरे फूल के दल,
स्पर्श की माधुरी से विह्वल!
भिन्नताएँ बोलेंगी खुलकर,
मगर, एक ही रहेंगी हिल-डुलकर।

काम

काम करने का कोई अर्थ नहीं
अगर वह अपने भीतर तुम्हें लीन नहीं करता,
जैसे खेल खिलाड़ी को रिझाता है,
उस तरह तल्लीन नहीं करता।

जो काम आदमी को रिझाये नहीं,
उसकी तबियत को बहलाये या मन को भुलाये नहीं,
वह काम कोई काम नहीं है।
उसे छोड़ दो।

जब मनुष्य काम पर हो,
उसे वसन्त-काल के वृक्ष के समान आनन्द पीना चाहिए।

केवल काम करना ही नहीं,
भीतर से प्रफुल्ल होकर जीना चाहिए।

जब श्याम वर्ण के हिन्दू कारीगर
प्यूनी बनाते और कपास धुनते हैं,
या अपने बारीक हाथों से ऊन के कपड़े बुनते हैं,
समाधि में उनकी आत्मा विलीन होती है,
सारी चेतना कारीगरी में लीन होती है;
उन पेड़ों के समान
जो पतले तो हैं, मगर, ध्यान में हैं,
इस धरती पर होते हुए भी आसमान में हैं।

मन आनन्द से भरा, एकतान है।
दीपक पर दीपक बल रहे हैं।
पेड़ को अपनी कोई खबर नहीं है,
मगर, पत्तों पर पत्ते निकल रहे हैं।

पत्ते ऐसे, जो चिकने, मुलायम, सफेद हैं;
कुछ लाल भी हैं और कुछ हरे भी;
कई छोटे-छोटे, कई चौड़े और बड़े भी।

जो हाल कपड़ों का है,
वही है मेजों, कुर्सियों और दराजों का;
छोटे-छोटे जूतों का,
और बड़े-बड़े जहाजों का।

आदमी अगर अपनी भावना लगाये,
इन चीजों को अगर प्यार से बनाये,
तो जीवन उनके भीतर अपना दोल भरता है,
जैसे पक्षी अपने सीने से दबाकर खोंते को गोल करता है।

जैसे झाड़-झुरमुट बनाये नहीं बनते,
खुद-ब-खुद उभरते हैं,
जैसे पेड़ फूलों को गढ़ते नहीं,
उन्हें उत्पन्न करते हैं।
जैसे सुर्खी-सीमेंट के बिना, अनबनाये ही,
गाँवों में डगर बने थे,
जैसे पुराने जमाने के
काम-काजू जीवन से,
आप-से-आप, नगर बने थे।

जैसे पहले था, वैसा ही आगे भी होगा।
जब आदमी जगेगा, मशीन जरूर टूटेगी।
और फिर जिस धारा को मशीनों ने रोक रखा है,
वह काल पाकर अवश्य फूटेगी।

जैसे पेड़ अपने पत्तों के लिबास पहनते हैं,
आदमी भी अपनी जिन्दगी की साँसों से
बुना हुआ वस्त्र पहनेगा
वस्त्र जिनमें उँगली के स्पर्श की पुकार होगी,
मन के सपने होंगे, रूह की झंकार होगी।
और आदमी के रहने के गेह?
वे हरे-भरे कुंज होंगे।

जैसे बया अपने घोंसले में बैठकर चहकती है,
आदमी भी बड़ी खुशी से अपने गेह में रहेगा।
काम करेगा, लेकिन, मग्न ध्यान और स्नेह में रहेगा।

जीवन के माध्यम

हम माध्यम हैं, जिसके भीतर से
जिन्दगी आगे को चलती है।
हम मानवता के बीज बोते हैं,
हमसे नये मनुष्य उत्पन्न होते हैं।

और जब हम जीवन को आगे नहीं बढ़ाते,
जिन्दगी हमसे मुँह मोड़ लेती है;
यानी नदी हमारे भीतर होकर बहना छोड़ देती है।

सेक्स का यह रहस्य पहचानो,
उसे आगे दौड़नेवाला प्रवाह मानो।
जिसका पानी मर गया है,
सेक्सहीन मनुष्य वह डाबर या सोता है।
सेक्सहीन लोगों से जीवन उत्पन्न नहीं होता है।

और काम करते समय भी
जब हम कृतियों में अपने प्राण उँडेलते हैं,
हमारा घट रिक्त नहीं होता।
जीवन की धारा दौड़ती हुई आती है,
हमें नई जिन्दगी से भर जाती है।
मन के भीतर नई उमंग उठती है,
दिन भर जिन्दगी की तरंग उठती है।

मर्द तिपाई गढ़े और औरत आलू छीले,
इससे कोई फर्क नहीं पड़ता है।
असली बात यह है कि तुम्हारे कामों को
जिन्दगी की थरथराहट ने छुआ कि नहीं।
यानी तुम्हारे भीतर जो रस है,
वह तिपाई और आलू में चुआ कि नहीं?

अगर यह रस पड़ा है
तो आलू की सब्जी मजेदार होगी,
और सूखे काठ की तिपाई में जिन्दगी आशकार होगी।
यह बात पुरानी, मगर, सच है
कि दान देनेवाले को दान वापस मिलता है।
जो मिट्टी में पसीना गेड़ता है,
उसके खेत में गुलाब का फूल खिलता है।

लेकिन, जीवन को दान में बहाना
इतना आसान नहीं है।
जो कमीने और बेवकूफ हैं,
वे जीवन का दान नहीं पाएँगे,

और अगर कोई दानी उन्हें अपनी जिन्दगी देता है,
तो उसे ये जीवित मुर्दे बिलकुल चबा जाएँगे।

जीवन देने का अर्थ यह है
कि जहाँ जीवन नहीं है,
वहाँ उसका प्रकाश भरो,
भले ही तुम फटी कमीजें सियो
या रूमाल को साफ करो।

मध्यम वर्ग

मध्यम वर्ग के लोग
सूर्यविहीन होते हैं।
कपड़ों से साफ-सुथरे होने पर भी,
मन से पंगु और दीन होते हैं।

दो ही गज हैं,
जिनसे वे दुनिया को नापते हैं।
एक गज है रुपये का
दूसरा है भोंडे जनमत का।

भीतर के प्रकाश से वे
न तो परिचित हैं, न डरते हैं।
सूर्यगुण की तो कभी
बात ही न करते हैं।

जनमत पर तुमने यदि
अपने को छोड़ दिया,
तो यह समझो कि अपना
अस्तित्व तुमने तोड़ दिया।
तब तुम आत्मा के पुरुष नहीं,
मानव न स्वीय हो।
मध्यमवर्गीय हो।

क्योंकि नीचे अगर लोग नहीं हों
तो मध्यम वर्ग मान कहाँ पाएगा?
खुद ही लुढ़क कर निम्न वर्ग बन जाएगा।

और ऊपर अगर उच्चवर्ग नहीं हो
तो मध्यम वर्ग नंबर दो किसका रहेगा?
क्या तुम समझते हो कि
तब वह तरक्की पा जाएगा
और अपने को अमीर कहेगा?

फरजी की जगह प्यादा होने से रहा।
मध्यम वर्ग जीरो से ज्यादा होने से रहा।

दो वास्तविकताओं के बीच
एक अवास्तविकता विभाजक बनकर पड़ी है
मध्यम श्रेणी
दोनों का मुँह जोहती खड़ी है।

न तो सूरज है, न धरती है।
एक पर मध्यम श्रेणी का काबू नहीं,
और दूसरे से वह डरती है।

लहू में जोश नहीं, आँखों में प्रभात नहीं।
बुर्जुआपन से आगे कोई बात नहीं।
शकट का चक्का फँसा कीच में है।
मध्यम वर्ग हर चीज के बीचोबीच में है।

ताला हाथ में है,
मगर, किवाड़ में न कुण्डी है।
मध्यम वर्ग
दिवालिया बैंक की हुण्डी है।

रुपये का पागलपन

कारण जानते हो हमारे पागलपन
हमारे सामाजिक पागलपन का?
रुपये ने आदमी को पागल कर दिया है।
चारों ओर जिसे देखते हो,
उन्माद है वह धन का।

और जब समूह ही पागल हो,
तो व्यक्ति और क्या करेगा?
कैसे नहीं अपने हिस्से के पागलपन को
वह जतन से सहेज कर धरेगा?

धनवान जब दस रुपयों के नोट देते हैं,
भीतर बड़ा ही कष्ट पाते हैं।

और सौ रुपयों के नोट बढ़ाते समय तो
बड़े-बड़े सेठ काँप जाते हैं।

हम जो गरीब या अमीर हैं,
रुपयों के सामने झुक जाते हैं।
और इसमें कोई आश्चर्य नहीं।
क्योंकि लोभ का स्वभाव ही चपल है।
और रुपये में भयानकता है, निर्दयता है;
दूसरों को तोड़ने का बल है।

लेकिन, जिस चीज से हम डरते हैं,
वह न तो रुपया है, न धन है।
भय की असली बात
मनुष्य-जाति का सामूहिक पागलपन है।

क्योंकि मनुष्य-जाति और पूछती क्या है?
सिवा इसके कि 'तुम्हारे पास कितना रुपया है?'
और अगर रुपया नहीं है,
तो जाओ, अपनी राह धरो।
धूल फाँको
और जाड़े से ठिठुर कर मरो।

जिसके पास रुपये नहीं हैं,
समाज उसे भी कभी-कभी
रोटी खिला देता है।
लेकिन, आटे में जरूर
वह धूल मिला देता है।

और धूल-मिली रोटी अगर खाये नहीं,
जान अगर अपनी बचाये नहीं,
तो बिना पैसे का आदमी
और क्या करे?
इज्जत की बात सोच
तो बेमौत मरे।

यही है खौफ
जो मुझे डराता है।
शुक्र है कि यह भय
सन्निपात नहीं बन जाता है।

नीचे मनुष्यता मसोस रही मन है।
छाती पर चाँदी की बूट पहने
शान से खड़ा रुपया और धन है।
और यही रिवाज हमें अच्छा लगता है।
सोचो तो, कैसा पागलपन है!

हर आदमी को पैसा चाहिए
कि वह मरे नहीं, बचे।
खेतों में फसल उगाये
या चाँद को देखे और कविता रचे।

अगर पैसा इतना जरूरी है
तो आसमान से वह क्यों नहीं बरसता है?
हवा के साथ वह झरता क्यों नहीं?
आदमी क्यों इस तरह पैसों को तरसता है?

नहीं, ये बातें बिलकुल ग़लत हैं।
रोटी मुफ्त होनी चाहिए,
मुफ्त होना चाहिए घर भी।
जैसे पानी और हवा मुफ्त हैं,
वैसे ही मुफ्त होना चाहिए बस्तर भी।

और यह केवल
कुछ लोगों के लिए नहीं,
बल्कि, सब के लिए।

केवल पटने में नहीं,
अथवा दिल्ली या हिसार में,
एक-दो देशों में नहीं,
बल्कि, सारे संसार में।

पूर्व इसके कि तुम रुपये के लिए मरो
या मरने पर औरों को मजबूर करो,
जरूरी यह है
कि रुपये के पागलपन को दूर करो।

पागलपन हट गया,
तो नाश टल सकता है।
सच तो यह है
कि रुपये के बिना भी समाज चल सकता है।

सरकार और मजदूर

मौसी, मौसी, मुझे रोको, मेरा हाथ थामो,
नहीं तो मैं किसी का बुरा हाल करूँगा।
मेरे दर्द को समझो, मुझे बढ़ के सँभालो,
नहीं तो मैं हड़ताल करूँगा।

मैं इतना बेचैन हूँ
और तू समझती ही नहीं?
मैं इतनी देर से चीख रहा हूँ
और तू कोई बात कहती ही नहीं?

मौसी, मेरा हाथ थामो,
मैं तुम्हारा छोटा बच्चा हूँ,
मुझे प्यार करो।

हम प्रेम पाना चाहते हैं,
खास कर हम जिनसे
काम तुम कम नहीं लेती हो।

मगर, बदले में न तो पीठ पोंछती हो,
न काफी रोटी और दूध देती हो।

मजदूरी घटती है,
और हम तकलीफ पाते हैं।
तब भी रोटी से ज्यादा
हम तुम्हारे प्रेम के लिए ललचाते हैं।

मौसी हमें प्यार करती है
अगर इतना हमें ज्ञान रहे
तो सच कहता हूँ,
फाकाकशी में भी काफी इत्मीनान रहे।

और अब तो तालेबन्दी का रिवाज चला है;
कारखाने बन्द हो जाते हैं।
हमें हाथ पर हाथ धर कर रोना पड़ता है।
घर में चूल्हे नहीं जलते।
और बच्चे अपनी माँ से पूछते हैं
कि बाबूजी बैठे क्यों हैं?
वे काम पर क्यों नहीं जाते हैं?

मौसी, मौसी, कुछ उपाय बताओ
इन बच्चों को मैं क्या जवाब दूँ?

अगर अपना कलेजा फाड़ूँ
तो बाप के मरते ही ये बच्चे नहीं जिएँगे।
तो पत्तल पर सेठों की अकड़ परोसूँ?
या इन्हें खाने को
तुम्हारी योजनाओं का ख्वाब दूँ?

मशीन की कामयाबी

लोग मशीन की कामयाबी की बात करते हैं,
लेकिन, यह कामयाबी टिकेगी नहीं।
इनसान, लाचारी से, उसका पुर्जा बन गया है।
मगर, इन्सानियत, हमेशा के लिए, बिकेगी नहीं।

हजारों-हजारों सदियों से
आदमी आदमी रहा था।
झाड़-झंखाड़ काट कर उसने राह बनाई थी
और सूर्य की ओर मुँह खोलनेवाले
फूलों से, चुप-चुप, अपना दर्द कहा था।

मशीन तो महज एक गमगीन
सदी की घटना है।

मगर, एक ही सदी में
उसने ऐसी हलचल मचाई
कि हर चीज गड़बड़ हो गई;
और आदमी के धागे टूट गए।

जिस पेड़ पर लवा ने
अपना घोंसला बनाया था,
उसे मशीन ने इस तरह झंझोड़ा
कि घोंसला भी गिरा और अंडे भी फूट गए।

जहाँ दलदल और पानी था,
भूचाल से वहाँ की भी जमीन काँपने लगी।
फिर क्या था?
जितने भी हंस थे, घबरा के उड़े, भाग गए।
और आदमी ने यह भी नहीं देखा
कि यहाँ हंस रहते थे;
गरचे, वे गाते-गाते
हमारे मरण का राग गए।

मशीनें घहराती हैं तो उन्हें घहराने दो।
मगर, कुछ हृदय हैं,
जिनके भीतर यन्त्र का चक्र नहीं चलेगा।
धर्म अभी भी बाँझ नहीं हुआ है।
काल पाकर यह वृक्ष अवश्य फलेगा।

ऐसे हृदय अभी हैं
जिनके भीतर हंसों के लायक

खाँच हैं, सरोवर हैं, सोते हैं।
जिनके बसेरे मशीनों ने उजाड़ दिये हैं,
उन शरणार्थी पक्षियों के खोंते हैं।
गायें रँभाती हैं, बैल और साँड़ हुंकारते हैं।
नन्ही-पतली घासों का चरागाह है,
जहाँ मृग-शावक चौकरी भरते हैं।

ये जीव मरेंगे नहीं, जीवित रहेंगे।
और जब वे दबते-दबते
आत्मा की दीवार से सट जाएँगे,
निराशा की अति से अधीर होकर
अपना दर्द काफी जोर से कहेंगे।

आसमान पर गानेवाली लवा
आखिर शून्य में कब तक चीखेगी?
एक दिन वह चीखती-चिल्लाती
धरती पर गिरेगी
और आकाश से आती हुई
खंड-प्रलय की उल्का-सी दीखेगी।

और हंस पानी में जोरों से पंख फड़फड़ाएगा;
इतने जोर से कि आदमी घबरा जाएगा।
और भेड़ें फण उठाये साँपों की तरह
अपनी गरदनें तानेंगी,
जो आदमी मशीन का पुर्जा बन गया है,
उसे रूह का दुश्मन मानेंगी।

और देवदार के सीधे पेड़
इस तरह हिलेंगे
मानो, भीतर कोई आग जल रही हो;
मानो, पत्तों से गर्म शीशे चनक रहे हों
या आग की चिनगारी निकल रही हो!

चाँदनी की चीत्कार, फूलों के रोष और शबनम के कोह से,
अपनी आत्मा के इन सगोत्रियों के विद्रोह से
आदमी परेशान होगा, हारेगा।
आखिर, अपने-आपको वह कहाँ तक मारेगा?

अन्तरतम के इस विद्रोह को कौन दबाएगा?
क्या इंजन आत्मा की उस गहराई तक जाएगा,
जहाँ खाँच है, सरोवर है, कन्दरा है, खोह है,
हंसों, शावकों और पक्षियों ने जहाँ आश्रय बनाये हैं,
और मशीनों के खिलाफ जहाँ विप्लव-विद्रोह है?

यन्त्रों की शक्तियों पर भूला हुआ आदमी,
कल-पुर्जों की ताकत पर फूला हुआ आदमी,
रूह की बगावत को सँभाल नहीं पाएगा।
घबराहट और परेशानी से वह पागल हो जाएगा।

और तब यह होगा
कि मशीनें आपस में ही लड़ेंगी।
एक दूसरी से टकराएँगी और युद्ध करेंगी।
और फिर कारखानों से निकल

इंजन दौड़ेंगे आदमी के घर पर।
जीव-जन्तुओं पर धावा बोलेंगे
सींग ताने हुए टूटेंगे नारी और नर पर।

यन्त्र के पुतले अकारण संग्राम करेंगे।
आदमियों के साथ देवता भी मरेंगे।

बिजली चमकेगी और बज्र बरसेंगे।
देख लेना, कैसा घमासान होगा।
जहाँ आज शहर और नगर बसे हैं,
वहाँ रोती हुई वायु बहेगी;
वहाँ सूने मरघट होंगे, निर्जन श्मशान होगा।

और तब मरघट के पार से,
जहाँ मशीनें नहीं पहुँची हैं,
उस अछूते संसार से
हंस फिर गरदन उठाए हुए आएँगे,
नये सूर्य की ओर मुँह करके
कूजेंगे, मँडराएँगे।

पक्षी अमृत का दान करेंगे,
आकाश में उड़कर मीठे सुरों में गान करेंगे।
बिना लिखी-पढ़ी हवाएँ प्रदाह हरेंगी।
गायें बछड़ों को दूध पिलाएँगी।
भेड़ें निश्चिन्त होकर चरेंगी।

लेकिन, धरती के केन्द्र में होंगे धुएँ
लौह-युग के ध्वंस के, बर्बादी के;
जिसे हम मशीन कहकर पूजते हैं,
उसकी कामयाबी के।

हाथ की कारीगरी

आदमी जो चीज बनाता है,
वह जीवित होती है।
जीवित होती है
क्योंकि उसमें जीवन आ गया है।
आदमी ने उसे प्यार से छुआ है।
आदमी उसमें खुद समा गया है।

हिन्दुस्तान की एक गज मसलिन को देखो,
कितनी सजीव है!
कितनी महीन और मुलायम है!
जिन हाथों ने इसे बुना है,
उनकी खुशबू इसके सूत-सूत में कायम है।

और 'नवाजो'औरतें
जब ऊन धुनती हैं,
या अपने सपनों के नक्शे पर
कोई कंबल बुनती हैं,
तो कंबल उनके सपनों का चित्र बन जाता है।
उनकी आत्मा के समान
कोमल और पवित्र बन जाता है।

हाथ की कारीगरी में कोई संजीवनी है,
जो कारीगर को थकने नहीं देती।
बल्कि, उसके भीतर नई उमंग भरती है।
और काम ज्यों-ज्यों
आगे बढ़ता है,
वस्त्र के धागे-धागे में
आत्मा किलोल करती है।

हाथ की कारीगरी की खुसूसियत यह है
कि कारीगर के गुजर जाने पर भी
उसकी चीजों में जान बाकी है।
साँप सरककर निकल चुका है,
मगर, बालू पर उसका निशान बाकी है।

पाप से भागो

कुछ लोग उठें और पाप से भागें,
नहीं तो सब नष्ट होनेवाला है।
समय आ गया है कि हम जागें,
नहीं तो हालत ठीक नहीं रहेगी।
ठीक है कि दुनिया ने, घूमते-घामते,
एक रास्ता पकड़ लिया है,
लेकिन, बहुत शीघ्र यह लीक नहीं रहेगी।

अनेक लोगों में जो पापमय विचार भरे हैं,
उनके कारण
दुनिया की रूह गुनहगार हो गई है
हमने जो छुरी
अपने दुश्मन के लिए गढ़ी थी,
वह देवता के हृदय के आर-पार हो गई है।

रहम से जमाने का दिल बिलकुल खाली है,
लगता है, दुनिया राख बननेवाली है।
पाप कहाँ-कहाँ छिपा है,
गिनाऊँ क्या?
उसके रहने की जगहें तुम्हें
दिखाऊँ क्या?

रुपये कमाने की आकुलता
पाप है।
हर औरत के पीछे भागने की व्याकुलता
पाप है।
यन्त्र का चक्र घूमकर पाप करता है।
और मशीनें जब आदमी पर दौड़ती हैं,
पाप जीता और पुण्य मरता है।

पाप है ज्ञान को अमूर्त बनाना,
अर्थ-पद्धति को उस तरह समझाना
जिसे समझता तो कोई नहीं,
लेकिन, सब मानते हैं।
बिना समझे-बूझे
उसकी महिमा बखानते हैं।

विज्ञान का अमूर्तीकरण पाप है।
शिक्षा में से
मानवीयता का हरण पाप है।

'जाजा'-संगीत, सिनेमा और रेडियो,
यह सब जीवन का अमूर्तीकरण है;
और राजनीति तो, प्रत्यक्ष ही,
मनुष्य की ऋजुता का हरण है।

पाप ने हमें गरस लिया है।
पाप हम पर छा गया है।
कुछ लोग उठें
और पाप को चुनौती भेजें,
मेरे जानते, समय वह आ गया है।

उठो, और कोई द्वीप बसाओ,
या कोई बड़ा-सा किला बनवाओ
जिसकी दीवारों को पाप नहीं तोड़ सके,
कोशिश करने पर भी, सेंध नहीं फोड़ सके।

विनाश

जिस सभ्यता में हम जी रहे हैं,
लगता है, वह मरनेवाली है,
हमने प्रकृति की बात नहीं मानी,
नियति अब हमारे साथ इन्साफ करनेवाली है।

यह सभ्यता सामाजिक पागलपन से मरेगी।
छुरी निकालकर उछलेगी
और नरमेध करेगी।

होशहवास के मानी यह हैं
कि हमारी चेतनता अखंड और पूरी हो।
लेकिन, समाज तो उस पगले के समान है,
जिसकी चेतना खंडित और अधूरी हो।

अगर अपनी चेतना के सभी दरवाजे
हम मुक्त नहीं करेंगे,
जहाँ हमारा दम घुटता है,
उस कोठरी में ताजगी नहीं भरेंगे,
तो हमारे बिना खिड़कियों वाले स्वर्ग की
गगन-नील दीवारों पर
लहू के लाल-लाल छींटे उड़ेंगे।
और हमारी लाशों पर भोज मनाने के लिए
भेड़िये और शृगाल आ जुड़ेंगे।

चूजा

मैं चूजा हूँ, चूजा, करता हूँ चियाँ-चियाँ,
मेरा नाम है अब्दुल शर्मा, उपनाम है हुलास मियाँ।
न तो कविता लिखता हूँ, न रंगों से लीक भरता हूँ,
मैं सिर्फ लिखने वालों को ठीक करता हूँ।
जो भी लोग लिखते या तसवीर बनाते हैं,
मेरे कोप के सामने बिलकुल काँप जाते हैं।
क्योंकि मैं चूजा हूँ, करता हूँ चियाँ-चियाँ,
मेरा नाम है अब्दुल शर्मा, उपनाम है हुलास मियाँ।

झाँकी

उस मर्द के मर्द होने से क्या,
जिसके भीतर देवत्व की झाँकी नहीं हो?

और यही बात हम औरत से भी कहेंगे
अगर उसके मुख पर
किसी देवी की प्रभा आँकी नहीं हो।

मुहब्बत की खोज

जो लोग कमर कसकर
प्रेम की खोज में निकले हैं,
जान लो कि वे पूरे प्रेमहीन हैं।

ओदी लकड़ी, जो जलती नहीं।
कोई ऐसी लता,
जो, कोशिशों के बाद भी, फलती नहीं।

बाँस का लम्बा पेड़,
जिसमें फूल नहीं खिलता है।
जो प्रेमहीन है,
उसे प्रेम कहीं नहीं मिलता है।

लेकिन, जो स्वयं प्रेमी हैं,
वे प्रेम हर जगह पाते हैं।
और ऐसे लोग
प्रेम की खोज में कहीं नहीं जाते हैं।

असबाब

कुछ औरतें जीती हैं
घर में ठसे, बेवकूफ असबाबों के लिए;
कुछ मर्द जीते हैं
दिमागी असबाब
यानी फूले हुए ख्वाबों के लिए।

और कुछ ऐसे भी हैं
जो असबाब भावनाओं के सजाते हैं,
मन जहाँ लटक गया है,
उस खूँटी की बात करने में शरमाते हैं।

और इन सबका एक ही मानी है।
यानी इनकी जिन्दगी
असबाबों की कहानी है।

अश्लीलता

शरीर तो अपने-आप में पवित्र है।
गन्दा है तो वह दिमाग का नाला है,
जो आदमी के भीतर बहता है।
मन के कारण शरीर पाप सहता है।

सेक्स को पाप मत कहो।
वह नर और नारी के बीच बहने वाला
भावों का बड़ा ही कोमल प्रवाह है।

पापी वह है जो इस प्रवाह को चोट पहुँचाता है;
इसे गदला बनाता, स्वाभाविकता से दूर करता है।
पापी मन है,
जो शरीर को जबर्दस्ती मजबूर करता है।

मन को बाँधे रहो तो शरीर स्वच्छ रहेगा,
काम का प्रकाश निर्धूम और प्रत्यक्ष रहेगा।

केवल इतना

औरत से मैं केवल इतना चाहता हूँ
कि जब मेरा हृदय उसकी ओर झुके,
उसे प्यार करे,
वह सुशील रहे,
मेरे प्रति भलमनसाहत का व्यवहार करे।

और हम दोनों के बीच का कम्पन
ऐसा हो, जिसे सुनता हो केवल मन;
झिलमिल चाँदनी में लिपटा हुआ राज;
उस घण्टी की-सी महीन आवाज,
जो बजने पर भी सुनाई नहीं देती है;
रक्त के भीतर चलने वाली नाव
जो बाहर से दिखाई नहीं देती है।
बस, औरत से मैं इतना ही चाहता हूँ।

क्योंकि मैं उन हिंसा-भरी नारियों से परेशान हूँ
जो हाव-भाव के बाणों पर बाण फेंकती
और लड़ती हैं,
जबर्दस्ती प्रेम किये जाने की जिद करती हैं।
जब कि प्रेम से वे बिलकुल रीती हैं,
केवल प्रेम किये जाने के लिए जीती हैं।

सेक्स और विश्वास

सेक्स चाहते हो,
तो दूर मन से हर तरह का त्रास करो;
जो जीव तुमसे मिलने आया है,
उसका, सच्चे हृदय से, विश्वास करो।

पारस और पत्थर के बीच
अगर एक कागज भी आ पड़े
तो पत्थर सोना हो ही नहीं सकेगा।
आदमी केवल शरीर के बल पर
अपनी चेतना खो ही नहीं सकेगा।

और तुम अगर डूबे नहीं;
चेतना प्रबुद्ध रही,
तो यह समझो कि काम की सारी क्रिया अशुद्ध रही।

काम की चेतना केवल प्यास नहीं है।
वह आत्मा का सम्पूर्ण अवगाहन,
मन की एकायन वृत्ति खोजती है।

लेकिन, डूबने की हिम्मत वह कहाँ से लाएगा
जो अगाधता से डरता है,
जिसे सरोवर के जल का विश्वास नहीं है?

प्रेम के बारे में झूठी बातें

हम सब-के-सब झूठे हैं,
क्योंकि हम जानते ही नहीं
कि कौन-सी बात गलत,
और कौन सही है।
मसलन, कल जो बात सत्य थी,
उसका रूप बदल गया है
और आज वह उतनी सत्य नहीं है।

मगर, अक्षरों का तो रूप ही निर्धारित है;
वे रोज-रोज नहीं बदलते हैं।
इसीलिए, हम अर्थ को भूल
केवल अक्षरों के सहारे चलते हैं।

क्या प्रेम हमारा इस वर्ष भी वही है
जिसकी अनुभूति पिछले वर्ष हुई थी?

वही उतावलापन, वही ताजगी और बेचैनी,
जिसका पिछले साल हमें भान था?

सच तो यह है
कि इस साल प्रेम कुछ बूढ़ा हो चला है,
जबकि पिछले साल वह पूरा नौजवान था।

हमारे सारे भाव
घड़ी-घड़ी बदलते रहते हैं।
मगर, भाषा में इतने शब्द कहाँ हैं
कि हम हर हालत को
एक नया नाम दे सकें?
इसलिए, प्रेम को, हमेशा,
हम प्रेम ही कहते हैं।

मानो, प्रेम कोई पत्थर हो,
फूल नहीं,
जो एक बार खिल कर
मुरझा जाता है;
और उसकी जगह पर
वैसा ही कोई और फूल आता है।

मुझसे भी कहा था

उसने मुझसे भी कहा था,
'तुम इतना क्यों शरमाते हो?
छाती के पास अगर बटन खुले हैं,
तो उन्हें खुला रहने दो।
मुझे देखते ही
यह बटन तुम क्यों लगाते हो?

'वह तुम पर खूब सुहानी लगती है,
कमीज से झाँकती जो बालों की कतार है।
यह अच्छा है कि तुम्हारे पाँव कड़े लगते हैं,
चेहरा कुछ रूखा, लेकिन, रोबदार है।

'मगर, तुम बुद्धू हो,
क्योंकि तुम्हें लाज लगती है।

सभी मर्द बुद्धू होते हैं,
क्योंकि यह कँपकँपी हर एक में जगती है।

'सभी जीवों के बीच
लाज मर्दों के हिस्से पड़ी थी।
शायद, इसलिए
कि उस समय वहाँ कोई औरत खड़ी थी।
इसी से, औरतों को देखते ही
मर्द घबराता है।
अपने कपड़े-लत्ते ठीक करके
अदब से बैठ जाता है।

'मगर, जब तुम घबराते हो,
मुझे हँसी नहीं आती,
प्यार आता है।

'कनखियों से ही सही,
मगर, कुछ और देख लूँ,
ऐसा खयाल बार-बार आता है।

'भगवान ने तुम्हें अपने हाथों से गढ़ा था।
और तुममें जीवन फूँकते समय
जो मन्त्र पढ़ा था,
वह आज भी तुम्हारे स्वर में
प्रत्यक्ष गूँजता है।
और नहीं तो संसार तुम्हें क्यों पूजता है?

तुम्हारी आवाज सुनने को
दुनिया उमड़कर क्यों आती है?
और, खास कर, नारियाँ
तुम पर क्यों बलि जाती हैं?

'जो तुम्हें बुरी नजर से देखे,
उसकी आँखों में आग पड़े।

'तुम्हारा बाल नहाते समय भी न टूटे,
न तुम्हारे पाँव में कंकड़ी का दाग पड़े।

'आह! तुम खूबसूरत हो,
खुशमिजाज और प्यारे भी।
सारी दुनिया तुम्हें अपना समझती है।
हम समझती हैं, हो हमारे भी।'

और इतना कहकर,
उसने मेरे कन्धे पर
अपना हाथ धर दिया।

हाथ क्या रखा,
मेरे भीतर
कोई नशा-सा भर दिया!

मैं सोचने लगा,
'अजीब बात!

क्या इतना अन्धा और उतावला
स्नेह हो सकता है?
क्या मुझमें कोई ऐसी बात नहीं है,
जिस पर इसे संदेह हो सकता है?'

व्यक्तित्व

चाहे जितनी बातें हो जाएँ,
मगर, तुम तुम रहती हो
और मैं मैं रहता हूँ।

मन-ही-मन सोचता हूँ,
यह भी कैसी मजबूरी है!
सारी दूरियाँ खत्म हो चुकीं,
मगर, तब भी कहीं शेष एक दूरी है।

फिर भी, कोई गम नहीं है।
यह आनन्द कुछ कम नहीं है
कि मेरा पावक
तुम्हें ठीक से समेट नहीं पाता है।

बाँहें खूब बढ़ाने पर भी,
तुम्हारा कोई रूप बाँहों से बाहर रह जाता है।

वह कौन-सी चीज है,
जो हाथ नहीं आती है?
तुम्हारे भीतर यह कौन है,
जो मुझे छूकर भाग जाती है?

मगर, मैं हार मानने वाला नहीं हूँ।
आखिरी दम तक
मैं इस छाया की इन्तजारी करूँगा।
और मरते-मरते उसे अंक अवश्य भरूँगा।

तुम बूढ़ी भले ही हो जाओ,
मगर, मैं तुम्हारी राह देखता रहूँगा।
और हमेशा यही कहूँगा
कि तुम नई की नई हो
और मैं जवान हूँ।
तुम्हारे नजदीक रहता हूँ,
इसलिए, भाग्यवान हूँ।

खास दोस्त

‘तुम्हें मेरे प्रेम की परवाह नहीं है?’
उसने जरा जोर से कहा।
मैं कुछ घबरा-सा गया
और दम भर खामोश रहा।

लेकिन, तुरन्त मैंने एक आईना बढ़ाया
यह कहते हुए
कि ‘ऐसे सवाल का जवाब देनेवाला
मैं कौन हूँ, तुम्हारे रहते हुए?

‘जब सवाल जज्बाती हों,
हरगिज नहीं खासो-आम से पूछो।
ऐसे सवाल बराबर
सदर मुकाम से पूछो।’

और ऐसा कहकर मैंने उसे
अकचकाहट से भर दिया।
और आईना सीधे
उसके हाथ में धर दिया।

वह गुस्से में ऐसी बौखलाई
कि पाती तो मेरी गरदन ही मरोड़ देती।
और कुछ नहीं मिलता
तो शीशे को मेरे माथे पर फोड़ देती।

लेकिन, शुक्र कि आईना देखते ही
वह मन-ही-मन फूल गई।
चेहरा सामने आया
और दम भर को रंज भूल गई।

इतने में मेरा होश-हवास जागा।
और सिर पर पाँव रखकर
मैं जोर से भागा।

हँसो और बोलो

खुलकर करो बात; हँसो और बोलो।
आपस में जी भरकर हृदय जरूर खोलो।
मर्दो और औरतो!
चुहलें मचाओ और शाद रहो;
बातों में नकली परहेज से आजाद रहो।

मगर, यह मत भूलो
कि यह दोस्ती तन नहीं, मन की है।
हाथ-पाँव की नहीं,
बौद्धिक जीवन की है।
इसे स्पर्श अधीर तक नहीं जाना चाहिए।
यानी इस दोस्ती को
शरीर तक नहीं जाना चाहिए।

जब तक तुम शरीर से अलग हो,
तभी तक इस दोस्ती का मजा है।
हाथ परहेज में हों,
तभी तक बात करना बजा है।

लेकिन, कहीं बुद्धि की दोस्ती
बदन पर आ गई,
तो समझो कि सब घुटाला हुआ।
हमारे सम्बन्ध का मुँह काला हुआ।

नहीं, मिस्टर लारेंस, नहीं

नहीं मिस्टर लारेंस! नहीं।
बात ठीक वैसी नहीं है,
जैसा आप फरमाते हैं।
प्रेम के बारे में दो-एक बातें
मैं भी जानता हूँ।
और बुरा न मानें
तो कह सकता हूँ
कि प्रेम को मैं आपसे
कुछ ज्यादा पहचानता हूँ।

जो कुछ मैंने समझा है,
वह यह है
कि प्रेम को आप बहुत अधिक
खूबसूरत बताते हैं।

आपको खुद मालूम है
कि कुछ बातें हैं,
जिन्हें आप छिपाते हैं।

मसलन,
इसकी लहर मजा देती है
एक से अधिक बार नहीं,
इसलिए, प्रेम एकरस होता है,
बराबर मजेदार नहीं।

ooo